ÉCRIRE EST UNE ENFANCE

PHILIPPE DELERM

ÉCRIRE EST UNE ENFANCE

ALBIN MICHEL

Ouvrage publié sous la direction
d'Anne-Laure Schneider

« Alors, bien en dehors de toutes les préoccupations littéraires et ne s'y rattachant en rien, tout d'un coup un toit, un reflet de soleil sur une pierre, l'odeur d'un chemin me faisaient arrêter par un plaisir particulier qu'ils me donnaient, et aussi parce qu'ils avaient l'air de cacher au-delà de ce que je voyais, quelque chose qu'ils invitaient à venir prendre et que malgré mes efforts je n'arrivais pas à découvrir. »

Marcel Proust, *Du côté de chez Swann*

Un spectateur privilégié

14 h 45. Le TGV s'ébranle en gare Montparnasse. Je pars à La Rochelle pour assister ce soir à la première représentation de *La Première Gorgée de bière*, mise en scène par Marc Rivière, et interprétée par Jean-Louis Foulquier. Un voyage vers l'écriture. Un bon moment peut-être pour tracer les premières lignes de ce livre. Est-il possible d'aller vers ce qu'on a écrit ? Je me suis armé d'un nouveau cahier. Celui-ci est italien, acheté à Venise. Un cahier à petits carreaux tout à fait scolaire, avec deux marges – celle de droite curieusement un peu plus large que celle de gauche. La couverture est d'un beau vert profond, avec juste en lettres blanches tout en bas : *Monocromo*. Le rite du cahier me rassure, mais je sais que cette fois l'enjeu est différent. Commençant à écrire *La Première Gorgée de bière*, je n'entamais pas un livre qui s'intitulerait *La Première Gorgée de bière*. Je m'étais juste dit qu'il serait intéressant d'écrire un texte sur les sensations éprouvées quand on a des espadrilles qui se mouillent. C'était une

gageure, une situation excitante. Il y avait une clé, une serrure, une porte à ouvrir, une difficulté évidente à faire jouer le verrou, mais à force de tâtonner, j'espérais bien y arriver.

Aujourd'hui, la difficulté est d'une autre nature. Je suis parti à la recherche de la clé. Pourquoi est-ce que j'écris ? Pourquoi ai-je écrit ce que j'ai écrit ? Je peux facilement dire le comment. Le pourquoi, c'est une autre affaire.

Quelquefois, lors d'entretiens plus longs qu'à l'accoutumée avec un journaliste, j'ai eu le sentiment de découvrir des pistes, d'aller avec lui vers des sources. Situation rare. Si vous commencez à être connu, la plupart du temps les critiques essaient de construire une figure identifiable, en jouant sur des stéréotypes. Une fois que vous êtes installé dans le paysage, la démarche s'inverse. L'angle d'attaque consiste à briser les stéréotypes. Mais c'est la même chose. Dans les deux cas, il s'agit d'une construction mentale beaucoup trop aérienne pour dire vraiment quel écrivain vous êtes. L'auteur lui-même joue complètement le jeu de cette approximation. On prend un thé au premier étage du café de la Mairie, place Saint-Sulpice. La situation physique de cette rencontre est déjà un cliché : « Oui, je préfère ici. Le Flore, ce n'est pas trop mon truc. Et puis c'est ici qu'on a tourné *La Discrète*, un joli film, vous l'avez vu ? »

Quand le journaliste a souhaité vous rencontrer dans votre cadre de vie, c'est pire encore. Dans mon cas, il vient en Normandie, concept catastrophique qui me place déjà sous le signe de la pomme et des vraies vaches.

Je n'ai rien contre la Normandie. L'Éducation nationale nous a gentiment chargés d'y commencer, Martine et moi, une carrière de professeurs de lettres en 1975 ; nous y sommes restés. Venant de Paris, nous avions tout à coup le sentiment de posséder davantage le temps, la forêt de Beaumont-le-Roger était belle, les élèves souvent sympathiques... Comment convaincre le journaliste que j'aurais écrit aussi si j'avais vécu dans une tour de HLM à Villetaneuse ?

C'est un peu comme la mémoire volontaire et la mémoire involontaire : il ne s'agit pas d'appuyer sur un bouton et de faire défiler des images artificiellement reliées par des fondus enchaînés. Si je me réfère à mes études, et particulièrement à mes études littéraires, du lycée à la fac, entre 1966 et 1975, je suis frappé par les excès des deux pôles antinomiques autour desquels elles ont gravité. D'une part, le pôle historico-biographique, symbolisé par l'omniprésence des Lagarde et Michard. Dans ces manuels, un tableau synoptique révélateur mettait en regard les événements historiques et les événements littéraires. Concernant les auteurs, le temps a déjà changé les perspectives : Gide avait droit à davantage de pages que Proust. Que dire de la désinvolture avec laquelle on traitait Diderot « qui n'a pas la finesse de Rousseau » ? Et le dernier volume, celui du XXe siècle, se montrait assez peu perspicace dans ses choix les plus contemporains. Les extraits des textes étaient précédés d'une longue présentation : l'homme d'abord, l'œuvre ensuite. À la faculté de Nanterre, en 1969, volte-face radicale : le texte, le texte seul, dont l'étude structuraliste devait révéler la cohérence interne.

Excès dans les deux cas, bien sûr, comme toujours dans les alternances trop agressives. Tous les petits asthmatiques ne deviennent pas Marcel Proust. Pour autant, est-il dépourvu d'intérêt de savoir que Marcel Proust entretenait avec son asthme un rapport complexe ? Parlant de soi, il semble plus facile de faire preuve de lucidité en évoquant la vie qu'en cherchant à mettre en évidence les origines d'une création. Mais on n'est pas le plus mal placé non plus pour tenter des infiltrations.

« J'ai toujours eu le sentiment de porter sur la vie un regard personnel. » Cette phrase revient souvent dans les interviews données. À chaque fois, j'essaie de tempérer l'immodestie du propos avec des arguments du genre : « Oui, très vite, enfin disons à treize ans, en classe de quatrième, je suis devenu mauvais en mathématiques, puis dans toutes les matières scientifiques. » Le sommet de mon incompétence fut atteint en physique et en chimie, disciplines auxquelles je n'ai jamais compris goutte.

De cette insuffisance longtemps anxiogène – comment m'en serais-je sorti si j'avais dû passer l'épreuve de mathématiques à l'oral du bac en 69, prévue en cas de « tour de rattrapage » ? – j'ai fini par déduire un système qui m'arrangeait bien : renoncer à tout ce qui est de l'ordre de la logique, ne pas essayer de saisir le monde par le raisonnement, mais seulement par l'acuité des sensations. Dans mon troisième livre, *Le Bonheur – Tableaux et bavardages*, j'ai écrit cette phrase assez discutable : « Comprendre me casse les pieds et m'empêche de regarder. » C'était plutôt juste, mais quand même bien prétentieux. Écrivant « comprendre me casse les pieds », je laissais supposer une absence de compréhension délibérée de ma part. Une analyse plus rigoureuse eût dû me faire avouer : « Comme de toute façon je ne comprends pas grand-chose, autant regarder le monde comme un spectacle. » En classe de troisième, on nous faisait passer des tests. Les miens étaient plus que médiocres quant au raisonnement abstrait, presque brillants pour ce qui relevait du langage. Je n'étais sûrement pas le seul à obtenir de tels résultats. Cette situation objective était-elle de nature à me donner un « regard personnel sur la vie » ? Je ne crois pas. C'était juste l'indice d'une tendance.

Avoir trop de dons suscite toujours l'hésitation. Connaître très tôt son large domaine d'incompétence aide à se diriger. Un littéraire par défaut peut-il être aussi un spectateur privilégié ?

« Violettes de coucou
anémiques et larges… »

« Tous les enfants sont poètes, sauf Minou Drouet », écrivait cruellement Jean Cocteau. Ouf, je n'étais pas Minou Drouet. Ma mère a pieusement gardé quelques-uns de mes cahiers d'écolier. J'ai entre les mains mon cahier de devoirs mensuels, année scolaire 1958-1959. J'avais donc huit ans. Classe de cours moyen 1re année. École de garçons de Louveciennes. Sujet de la première rédaction (28 octobre 1958) : « M. X revient de la chasse. » Voici mon texte : « En me promenant, j'ai aperçu un chasseur qui venait de chasser. Habillé d'un béret noir, de grandes bottes et d'une veste de toile grise. Il portait un fusil en bricole, une grande carnassière et une cartouchière. Son chien était un limier marron au poil luisant qui venait d'attraper du gros gibier. Il avait l'air content de sa chasse. J'aimerais aller à la chasse. »

Cinq sur dix. Je ne m'écarte pas exagérément du sujet, le champ lexical en témoigne. Par ailleurs, il y a dans la partie centrale une petite avalanche de vocabulaire qui me semble bien gourmée. Avions-nous préparé ?

Le 15 décembre, je progresse un peu : cinq et demi. Sujet : « Les fêtes de fin d'année approchent. Quelle est, à cette occasion, le cadeau qui vous ferait le plus plaisir ? Pourquoi ? »

« À Noël, j'aimerais bien avoir un rodéo d'autos et un livre.

Je voudrais bien un Panachoc et un livre de Colette, *Histoires pour Bel-Gazou.* Le Panachoc parce que j'aime jouer avec des autos et que je les aime beaucoup, et que je pourrais faire quelque chose que j'ai déjà vu.

Le livre de Colette parce que j'aime beaucoup lire, et que j'aime bien ses livres. J'aimerais avoir ceci pour Noël. »

Le demi-point supplémentaire était généreux. J'ai un très bon souvenir de M. Brévot, l'instituteur. Je jouais avec ses filles Martine et Anne-Marie dans la cour de l'école. Ma définition du Panachoc, un jeu constitué de rails métalliques sur lesquels deux voitures en plastique remontées mécaniquement se tamponnaient, était plutôt nébuleuse. Quant à *Histoires pour Bel-Gazou*, il est vrai que j'aimais beaucoup lire. Mais en l'occurrence, c'est ma mère qui avait tenté de m'instiller sa propre passion pour l'œuvre de Colette. Ces deux cadeaux n'étaient d'ailleurs pas ceux « qui me feraient le plus plaisir », mais ceux dont je savais qu'ils m'attendraient sous le sapin.

Le Panachoc se révéla très vite décevant, l'autonomie des véhicules étant des plus réduites. Pour *Bel-Gazou*, je me souviens de réactions plus complexes. C'était un volume de la collection « Idéal-Bibliothèque ». Je préférais les « Rouge et Or », dans le style cartonné illustré, avec une jaquette. Les *Histoires pour Bel-Gazou* étaient un patchwork de textes de Colette susceptibles de plaire aux enfants et censés s'adresser à sa fille. Les histoires d'animaux genre *Dialogues de bêtes* me cassaient franchement les pieds. Cet animisme psychologique truffé d'un vocabulaire trop compliqué pour moi me laissait froid. Pour les chiens, les goûts de l'auteur allaient vers de petits ventres à pattes au mufle écrasé largement reproduits par l'illustrateur, et que je trouvais obscènes. Curieusement, un seul texte me plaisait vraiment : « Le dernier feu ». À l'évidence, il n'avait pas été écrit pour un enfant. Plus tard, j'attribuerais son tutoiement à un échange amoureux évident (« Allume dans l'âtre le dernier feu de l'année ») mais, à huit ans, ce tutoiement me parlait. J'avais très envie d'écouter une voix s'adressant directement à moi dans les pages d'un livre.

En réalité, ces pages étaient moins dévolues au feu qu'à l'éclosion des violettes. Ma mère lisait à haute voix des extraits la touchant particulièrement : « Plus mauves ? Non, plus bleues. Cesse cette taquinerie.

Laisse plutôt monter à tes narines le parfum invariable de ces violettes changeantes. » À l'inflexion de sa voix, la musicalité des phrases qui la pénétrait, la fraîcheur soudain palpable des « violettes de coucou anémiques et larges », je sentais que les mots d'un écrivain pouvaient donner un plaisir sans pareil. Ces mots parlaient de la vie avec une justesse dont j'ignorais tout, mais que le ton de ma mère transformait en acquiescement. J'avais déjà cueilli des violettes. Une fois, notamment, avec mon frère Jean-Claude, de douze ans mon aîné, nous en avions trouvé à profusion sur la colline de Chaponval, et mon frère en avait mis des bouquets partout dans la maison, jusque dans les toilettes. Rapporter une telle quantité de violettes était certes un petit exploit. Mais rien à voir avec les violettes de Colette. Les violettes de mots étaient manifestement d'une essence supérieure, elles donnaient aux inflexions de la voix de ma mère non pas une emphase, mais une ferveur que je partageais. Peut-être parce que j'étais prêt à partager beaucoup de choses avec cette lectrice. De tels moments de complicité venaient sans effort, mais ils n'étaient pas si fréquents, ma mère ayant une vie plus que remplie, entre son métier d'institutrice et toutes ses tâches domestiques. Je sentais qu'elle remerciait Colette d'avoir su dire exactement la vérité des violettes – ce qu'elle aurait aimé dire elle-même des violettes sans doute mais, au-delà, l'accession des mots à une autre planète. Si elle pouvait retrouver par Colette des couleurs, des sensations, une façon même de se mouvoir dans la nature avec une liberté comparable à celle qu'elle avait connue enfant dans les prés du Tarn-et-Garonne, c'est que Colette disait *vrai*, et qu'on pouvait la suivre en confiance dans les domaines qui échappaient davantage. La communion par les violettes était une sorte de brevet d'authenticité qui atteignait dans ce passage un apogée, mais étendait virtuellement son pouvoir à toutes les autres pages de l'auteur. Cela dépassait de beaucoup ce qu'on appelle le talent, ou le style. C'était une forme de mystère. La meilleure preuve en était qu'on pouvait partager ce miracle avec un petit garçon qui obtenait cinq sur dix en rédaction en écrivant : « J'ai rencontré un chasseur qui venait de chasser. »

Les livres pouvaient donc procurer deux sortes de plaisir. Celui que je percevais à travers les violettes de Colette était patent, mais différé. Son intensité ne pourrait être vraiment apprivoisée que plus tard. C'était là, je le savais désormais, mais trop haut. Par contre, je pouvais goûter, parfaitement seul, un plaisir bien plus brûlant qui me faisait sortir de ma vie, de toutes les sensations connues, partir dans une aventure. C'est un plaisir de cette nature que j'avais éprouvé, l'année précédente, avec une acuité particulière, liée au livre lui-même mais aussi aux circonstances de sa lecture. Il s'agissait de *Crin-Blanc*, de René Guillot, dans la même collection que les *Histoires pour Bel-Gazou*. J'ai toujours le volume. *Crin-Blanc*, d'après le film d'Albert Lamorisse, illustrations de Jean Reschofsky. Sur la page de garde, ma mère a écrit au stylo bleu – l'encre est à peine délavée, et cette écriture un peu haute, effilée, est beaucoup plus une présence pour moi que toutes les photos : « Offert à Philippe par Mme Belle pour son départ à Dieulefit. » Départ à Dieulefit. Ce n'était pas une mince affaire. À Noël 57, j'avais été pris d'une crise d'étouffement. Infection bronchique, qui m'avait valu un séjour à l'hôpital de Saint-Germain-en-Laye, où j'avais découvert, avec les délices de la viande hachée froide nageant dans une rivière de lait entourant la purée fade, celui du lavage de bronches, opération barbare et douloureuse effectuée à l'aide d'un tuyau de caoutchouc brun.

Mme Belle était la maman d'un élève qui avait connu les mêmes problèmes de santé. Elle avait dit à ma mère : « Une seule solution, Dieulefit, où le docteur Préau soigne cette maladie avec un mélange d'exercices mécaniques, de gymnastique respiratoire, de lavage de bronches et de bon air à respirer sur les collines de la Drôme provençale. » C'était très peu dans les moyens financiers de mes parents, mais ils n'avaient pas barguigné. À l'issue d'un séjour de quatre mois là-bas, le docteur Préau se montrerait d'une générosité assez exceptionnelle pour la facture qu'il estimait pouvoir imposer à un couple d'instituteurs.

Quitter la maison de longs mois à sept ans, pour un enfant très aimé, c'était plutôt rude. Le trajet en train de Paris à Dieulefit en compagnie de maman avait tout d'une épreuve initiatique. Je l'ai à la fois abolie et multipliée par la lecture de *Crin-Blanc* tout au long de ce voyage. J'aimais beaucoup les chevaux. Le personnage de Folco, le petit pêcheur désireux d'apprivoiser Crin-Blanc, me paraissait magnifique avec son corps mince, sa longue frange de cheveux noirs, sa chemise blanche et son pantalon déchirés, une métaphore de la liberté. Peu avant l'arrivée du train en gare de Montélimar où nous devions prendre un car, j'avais lu ces dernières phrases : « L'eau chantante du Rhône les berçait doucement. La belle eau les emportait tous deux dans le courant du fleuve, jusqu'à une île merveilleuse où les enfants et les chevaux sont toujours des amis. » J'ai encore la chair de poule à leur évocation. Je sentais vaguement que cette île merveilleuse pouvait aussi s'appeler la mort, et avec une dramatisation excessive et secrète, je la liais à une autre disparition possible dans les eaux troublantes d'un fleuve. Par la fenêtre du car qui faisait chauffer son moteur sur la place de Montélimar, je voyais se découper une publicité étrange, sur une oblongue plaque métallique. Une cigogne sur fond sombre avec ces mots : « Potasse d'Alsace ».

Des *Crin-Blanc*, j'en ai lu des quantités astronomiques, entre six et douze ans. Les collections de livres pour la jeunesse n'étaient pas très nombreuses, mais présentaient chacune un vaste catalogue. Il y avait « La Bibliothèque verte » – je n'ai lu qu'incidemment quelques volumes de « La Bibliothèque rose », deux ou trois *Club des Cinq* : pour l'essentiel, elle était plutôt constituée de lectures pour les tout-petits que je méprisai assez vite. « La Bibliothèque verte » avait déjà perdu à la fin des années 50 ces nervures dorées sur fond tilleul d'une autre époque. Je les feuilletais dans le cosy-corner de mon frère. Tranche vert foncé brillante, avec un petit dessin en fenêtre : je voyais apparaître un pan de mur entier consacré à cette collection dans la librairie de Sèvres, où mes parents étaient venus s'installer après Louveciennes. J'avais désormais l'âge de choisir seul, et la liberté d'investir la quasi-totalité des petites sommes d'argent glanées çà et là dans l'achat de livres. Il fallait une échelle pour grimper jusqu'au sommet du mur vert.

À hauteur plus raisonnable s'étalaient sur le côté la collection « Rouge et Or Souveraine » et la plus modique « Rouge et Or Spirale ». Autant que de la grande modestie de sa présentation, cette dernière souffrait à mes yeux d'un choix d'illustrations moins engageant, et surtout de cette opposition entre les mots « souveraine » et « spirale » dans laquelle le substantif cautionné par une petite spirale noire apposée sur fond jaune semblait d'une authenticité douteuse et gratuite, quand l'adjectif « souveraine » imposait l'évidence de sa supériorité, renforcée par la séduction de sa jaquette, surtout quand on y retrouvait les illustrations de Pierre Le Guen. Juste à côté, la collection « Idéal-Bibliothèque », déjà prestigieuse à mes yeux par la seule présence des *Histoires pour Bel-Gazou*, et de *Crin-Blanc* – j'y ajouterais bientôt celle, plus virile, de *Vol de nuit* –, était l'équivalent des « Souveraine », avec un je-ne-sais-quoi de plus froid dans la présentation, le jaune pâle des tranches de la jaquette, les petits losanges cartonnés sur la couverture en dur à l'intérieur. « Idéal-Bibliothèque » était la collection de luxe de la librairie Hachette, de même que « Souveraine » pour « Rouge et Or ». Mais les rôles n'étaient pas distribués tout à fait de la même manière, car la collection « simple » de la librairie Hachette était « La Bibliothèque verte », avec laquelle « Spirale » ne pouvait évidemment rivaliser.

Parfois ces concepts de collection s'évanouissaient en apparence sous l'uniforme de papier bleu pétrole qui recouvrait tous les volumes de la bibliothèque de classe. Mais la texture du papier, le rythme et le style des illustrations venaient vite redonner vie à ces distinctions étoffées par la présence des anciens volumes de « La Bibliothèque vert tilleul » aux pages déjà très jaunies. Je n'attachais pas à ce jaunissement une connotation de désuétude, plutôt celle d'un goût différent, d'une lecture plus beurrée, plus onctueuse.

Dans mon cas, les pouvoirs respectifs de ces collections enfantines se doublaient de ceux d'un autre type de productions éditoriales : les livres de prix, qui arrivaient très tôt dans les écoles où nous habitions. Comme François Seurel dans *Le Grand Meaulnes*, j'avais le privilège de pouvoir les lire à l'avance. Pratiquée le plus souvent dans une salle de classe, près du bureau de mon père, cette lecture était évidemment plus précautionneuse, car il y avait menace de privation au cas où j'aurais défloré l'intégrité desdits ouvrages par ma négligence ou ma familiarité à les manipuler. Le risque n'était d'ailleurs pas très grand, car ces livres de prix, même s'ils n'avaient plus les épais cartons rouges et les dorures à la Hetzel fabriqués par l'imprimerie Duval à Elbeuf dans la première moitié du XXe siècle, possédaient des caractéristiques physiques robustes, éditions club à la couverture rigide, souvent toilée. Je me rappelle notamment un très épais volume bleu pâle des *Misérables*, avec un petit dessin de Hugo représentant Gavroche. À la fièvre de l'avoir dévoré en demi-cachette avait succédé le bonheur singulier de le recevoir officiellement lors de la distribution des prix, et de pouvoir entamer une deuxième lecture, moins passionnée mais plus sensible à mille détails qui m'avaient d'abord échappé dans mon désir de me noyer dans l'intrigue.

Voilà beaucoup de considérations sur la forme de ces livres destinés à la jeunesse. Elles n'ont jamais perdu leur importance dans mon rapport avec l'objet, et toujours contribué à sa mystification, j'en reparlerai. Quant au fond, j'ai été récemment troublé par ce passage écrit dans sa biographie de Proust par Ghislain de Diesbach. À propos de Marcel, il dit : « Il est à cet âge où l'esprit, comme une éponge, absorbe tout, le meilleur et le pire. À cet égard, la jeunesse est la providence des mauvais auteurs dont les livres, voués à l'oubli, restent imprimés dans la mémoire de ceux qui ont, grâce à eux, découvert le plaisir de lire, les premières ivresses littéraires, même s'il s'agit d'un vin médiocre. »

Ce jugement m'interroge. J'ai à la fois pleinement envie de donner raison à Ghislain de Diesbach, mais aussi le désir de lui donner tort. Il y a évidemment de bons auteurs et des auteurs médiocres. Dans quelle mesure toutefois peut-on taxer de médiocrité des livres demeurant profondément imprimés dans la mémoire d'enfants qui deviendront écrivains ? Ces derniers n'ont jamais lu d'emblée Proust ou Joyce. On leur a fait croire parfois que Dickens était un écrivain pour enfants, à coups d'éditions complètement expurgées de ce qui fait tout le génie de Dickens – et notamment son humour, absolument incompréhensible pour un enfant. Les collections pour la jeunesse ont toujours mêlé des écrivains dits « classiques » à d'autres plus contemporains écrivant à destination des enfants. Les livres qui m'ont le plus marqué, entre sept et douze ans, ne sont guère des classiques. *Le Champion*, de Paul Berna, *Fred et Sunny*, de Priscilla Willis, figurent tout en haut de mon panthéon personnel où je place aussi, je le concède, *L'Île au trésor* et *Le pays où l'on n'arrive jamais.* Mais je ne me suis pas précipité sur *La Tulipe noire* ou *Le Roman de la momie*, leur préférant sans honte la série des *Michel*, et même celle des *Puck*.

Je me souviens d'un tel pouvoir de croire à l'histoire, de m'embarquer, de devenir un autre que cette absolue confiance dans le romanesque condamnait à l'avance le romanesque pour l'avenir. Comment continuer à brûler indéfiniment pour l'histoire quand on a brûlé autant ? J'ai senti en grandissant, en vieillissant, que d'autres livres pourraient me donner autre chose. Ces derniers ont peut-être une supériorité intrinsèque. Pour en convenir, il me faudrait juger l'enfant comme une ébauche, un projet. La lecture n'est pas une écriture, mais une rencontre. Si nous vivions tous jusqu'à cent cinquante ans, qui sait si nos critères concernant la « qualité », le « littéraire », ne seraient pas profondément modifiés ? J'ai toujours pensé que l'enfance était un absolu. Les premières lectures, comme les premières sensations, sont les plus fortes. Pour mille raisons, on peut perdre le souvenir de cette intensité, le plus souvent liée au pouvoir de l'intrigue. Ceux qui se souviennent de cette intensité ne peuvent plus croire aux histoires. Ils y ont trop cru. Essayer de relire *Crin-Blanc*, ne plus vibrer qu'aux deux dernières phrases. Relire *L'Île au trésor* et m'ennuyer au bout de trente pages, c'est possiblement être supérieur à ces deux livres. Mais c'est peut-être aussi qu'ils représentent un monde « dont j'ai cessé d'être digne » comme l'écrivait...

Colette à propos de son enfance. Oui, je crois qu'il y a là une source pour tout ce que j'ai voulu écrire. Entendre la voix de ma mère : « Violettes de coucou anémiques et larges… » Me rappeler toujours à quel point j'ai perdu *Crin-Blanc*.

Le royaume de l'école

J'ai grandi dans des écoles. Dans des maisons d'école, où mes parents logeaient. Mais dans l'école elle-même surtout, la cour, les salles de classe désertées après l'étude du soir, à dix-huit heures, et désertes aussi tout le jeudi, tout le dimanche. J'ai grandi dans des lieux qui étaient la vie même, les cris, les jeux, les rires, le travail silencieux, les plumes raclant le papier, et puis pour moi tout seul l'envers de cette vie, une solitude habitée, une mélancolie vivante.

Aujourd'hui encore, j'aime aller m'imprégner du silence d'une cour d'école. Au Bec-Hellouin, tout près de chez moi, les enfants sont partis. On a laissé la mairie, installé la bibliothèque du village, le logement est habité. La grille reste ouverte. Il y a un gros marronnier dont les racines gonflent le goudron. Sur l'ardoise des urinoirs, l'eau ne chuinte plus depuis longtemps. Quelques marches abruptes descendent vers la route. En contrebas, l'enclos de la célèbre abbaye, la tour Saint-Nicolas. Dans ce décor, j'ai fait tenir l'essentiel de mon premier roman publié, *La Cinquième Saison*.

Un texte né lors de soirées d'écriture. Avec quelques anciens de la faculté de Nanterre, parachutés eux aussi professeurs de lettres à Beaumont ou dans les environs, nous avions évoqué nos rêves littéraires – dans les années 70, il me semble que tous les jeunes profs de lettres portaient en eux une mythologie de l'écriture, ne pouvaient envisager de vivre sans cristalliser ainsi tout ce qui leur manquait dans l'existence. Certains, comme nous, avaient déjà un enfant, d'autres étaient célibataires. L'avalanche nouvelle des copies à corriger, des cours à préparer faisait paradoxalement surgir une envie d'inventer des clairières de temps pour tenter de libérer un essentiel très vague et d'autant plus désirable : écrire. Nous avions décidé de nous réunir tous les mardis soirs après le dîner pour nous taire ensemble autour d'une table ronde, dans la lumière d'une lampe basse, devant des feuilles blanches ou un cahier. Le rythme de chacun était très différent suivant qu'il s'agissait de poésies ou d'un projet de roman amorcé. Vers vingt-trois heures, nous suspendions le silence pour bavarder un peu, boire un vin chaud. Il ne s'agissait pas de lire à voix haute nos productions. Nous n'étions pas une société d'admiration mutuelle. Simplement un petit clan préservateur d'un essentiel presque informulable – cela même qui nous donnait envie de le formuler.

J'avais mis beaucoup de temps à trouver un ton. Mais je savais que je voulais parler d'école. Mon narrateur était un jeune instituteur nommé dans l'école à classe unique du Bec-Hellouin. C'était donc un roman. Au fil des mardis soirs – mais très vite je m'étais mis à écrire aussi chaque matin de cinq heures et demie à sept heures, avant de partir au collège –, un tutoiement m'était venu. Peut-être un souvenir du *Dernier Feu*. Il s'adressait à une absente, la compagne du narrateur, morte dans un accident d'auto. Le texte était constitué d'atmosphères, mélange de souvenirs communs et du présent du narrateur, les moments de la vie scolaire, les rapports avec les écoliers, les gens du village, l'épicière faussement revêche. La tonalité de ce patchwork était très automnale, très lentement écrite, dans une prose très cadencée. Je me suis rendu compte rétrospectivement que la majorité des phrases comportaient six syllabes, ou huit, ou dix, ou douze. Le mardi soir et chaque matin en une heure et demie, j'étais satisfait d'atteindre deux cents mots. Je les comptais et je n'ai jamais perdu cette habitude, d'ancien paresseux sans doute.

Malgré toutes les influences plus ou moins digérées – Marcel Proust, René-Guy Cadou, Jean-Loup Trassard –, ce roman était mon premier texte vraiment personnel. Il est assez symptomatique qu'il ait reposé sur deux axes essentiels de mon parcours : d'une part la difficulté de parler à une jeune fille ou une femme aimée, de l'autre le monde de l'école.

Un monde. Parmi les écrivains, on trouve pas mal d'enfants d'instituteurs. Il y a là sans doute une logique sociale. Issus souvent du monde paysan, les instituteurs étaient, au milieu du siècle dernier, dans une dynamique d'élévation culturelle. Que les livres aient sacralisé dans l'imaginaire de leurs enfants cette évolution n'a rien d'étonnant. Mais les livres peuvent être scientifiques – dans la hiérarchie de l'école laïque des années 50, Pasteur est au moins l'égal de Victor Hugo. Il s'agit, autant que de l'objet-livre, d'un pouvoir poétique du monde de l'école. Pour les instituteurs eux-mêmes, ce monde laïque était avant tout une morale. Le célèbre *Code Soleil* contenant les principes destinés aux instituteurs leur rappelait qu'ils étaient leur fonction, aux yeux de tous, vingt-quatre heures sur vingt-quatre. Pour leurs enfants, c'était différent. Heureusement pour moi, la stricte exigence de résultats scolaires brillants était tombée sur les épaules de mon frère et de ma sœur. Pour le petit dernier, la nécessité de réussir à l'école était moins absolue. Comme le narrateur du *Grand Meaulnes*, et comme Alain-Fournier lui-même, j'ai appris à lire au cours préparatoire avec une institutrice qui était aussi ma mère. Plus tard, au cours moyen 2e année, j'ai rejoint mon père qui enseignait aussi aux élèves de fin d'études. Il n'avait pas encore complètement désarmé, et me fit redoubler ma classe. Raison officielle : je n'étais pas encore assez mûr pour affronter la sixième – j'avais un an d'avance. Une autre raison n'était pas formulée, dont je sentais qu'elle était la bonne : en redoublant, je pouvais être le premier, ce qui fut effectivement le cas, et eut l'avantage de me procurer, avec le prix d'excellence, l'édition des *Misérables* convoitée. Ma mère quant à elle répétait : « À la fin du premier quart, c'est très bien. » J'imagine effectivement que la « fin du premier quart » à Louveciennes au milieu des années 50 ne condamnait pas toute perspective d'avenir.

Avoir une mère institutrice qui s'occupait en moi du petit et un père instituteur-directeur d'école qui prenait en main le grand, ce n'était pas innocent. Mon père était lointain, ma mère proche. Mais au-delà de cette relation, je grandissais dans une école. C'est là que j'ai pris, que j'ai gardé le goût de la mélancolie et celui du bonheur.

Bonheur. À Louveciennes notamment – mes parents ont changé plusieurs fois d'école – j'avais entre six et dix ans. D'autres instituteurs, M. Brévot, M. Brachet, puis M. Even, logeaient comme nous dans l'école. Martine, Anne-Marie, Claudie, Jacqueline, Jean-Yves étaient à peu près du même âge que moi. Quel privilège d'avoir la cour à nous – et même les cours : celle des garçons et celle des filles ! À tous les jeux que nous pouvions inventer, jeux d'imagination surtout, à base de « On aurait dit qu'on serait... », je mêlais intensément la sensation qu'il s'agissait de lieux dérobés, volés à l'effervescence habituelle des récréations. C'était comme une rumeur en filigrane dans cet espace vertigineux qui nous appartenait en fraude. Ce sentiment de plaisir volé était renforcé par l'imprévisibilité des retrouvailles. Nous n'avions pas la permission de jouer de façon régulière. Les contraintes familiales nous donnaient des moments de liberté déphasés. Le front contre la vitre, je guettais la présence de Claudie, de Martine dans la cour. « Est-ce que je peux descendre ? » Si aucun obstacle ne m'empêchait de les rejoindre, c'était alors une ivresse. Je me rappelle la descente enfiévrée de l'escalier, le « À quoi vous jouez ? » suivi de moments d'autant plus excitants que la menace restait suspendue d'une interruption. Certaines séquences pouvaient durer trois heures, et d'autres vingt minutes.

À l'école de Sèvres où je vécus ensuite de onze à quatorze ans, le bonheur prit essentiellement la forme du sport. Denis, le fils du concierge, était très bon au foot, et jouait dans une équipe. Avec lui, la cour de l'école devint un stade où nous organisions des championnats, à un contre un, avec des buts minuscules entre les bancs.

Mélancolie, déjà. Souvent, Denis n'était pas là. Mon frère et ma sœur avaient quitté le cocon familial, et même s'ils y revenaient souvent, je commençais à connaître en solitaire le royaume de l'école. Les classes où je revenais le soir. Je m'asseyais sur un pupitre, les pieds sur le banc. Je commençais à pratiquer cette discipline de rêvasserie qui ne me quitterait plus. Regarder vaguement, se laisser pénétrer. Les cartes au mur. Les cartes géographiques Vidal-Lablache, dans des tonalités de bruns, de noirs, de verts, le tremblé des cours d'eau en bleu. Les cartes qui montraient le même paysage aux quatre saisons, me disant bien avant la découverte des portails de Monet que la réalité, c'est la lumière, que cette route où se presse à l'automne une femme penchée contre le vent sous son parapluie est située dans une autre galaxie que la même route où deux enfants, la gaule sur l'épaule, s'en vont pêcher au printemps vers la rivière toute proche. Mais surtout les images de la vie de tous les jours arrêtée, suspendue. Le jardin potager. Un carrefour. La ferme. La maison. Une perfection douloureuse émanait de ces représentations du monde saisies dans la ligne claire du graphisme. Douloureuse parce que dans le jardin potager le jardinier qui bêche son coin de terre ne se disputera jamais avec la jardinière, que l'enfant qui cueille des cerises les pieds sur le quatrième barreau de l'échelle profite à l'infini de cette harmonie indestructible, qu'il peut être tout aux cerises, rien ne sera jamais menacé. Bienfaisante pour les mêmes raisons, bien sûr. Le monde de l'école protège, arrête sur image. Tout est simple, clair.

Pour tout, il y a une attente. La saveur des cerises ne peut se limiter à cette dégustation offerte, permise, dans le silence tutélaire d'un père et d'une mère qui ne se disputent jamais. Les miens ne s'entendent pas aussi bien. Je me lève et me promène dans un univers assourdissant de silence. J'arpente le haut couloir carrelé, le long des salles de classe. Aux crochets-portemanteaux, contre le mur, il reste çà et là un tricot oublié, un sac pour le goûter. J'ai allumé la salle de classe. Je n'ose allumer le couloir. Dans la pénombre, je me fais une peur désirable. Juste à côté des cartes rassurantes et des pupitres ambrés, des lignes de fuite naissent, l'imaginaire de la nuit. Je commence à attendre, à devenir aussi le risque d'abolir l'évidence du jour, à aimer l'inquiétude, le bleu et le gris.

Bientôt, je frémirai en lisant dans *Le Grand Meaulnes* : « Mais quelqu'un est venu, qui m'a enlevé à tous ces plaisirs d'enfant paisible. Quelqu'un a éteint la lampe... » Cela sera si facile de retrouver ainsi cet univers dans la fièvre d'une aventure et ce « quelqu'un qui va descendre la grand-rue ». Mais en même temps que je me laisserai porter par l'action du roman, je sentirai qu'Augustin Meaulnes n'est qu'une métaphore.

Je n'attends pas quelqu'un. J'attends. J'attends que le couloir m'inquiète et que la classe me rassure, j'attends que le monde ait plusieurs vérités. La nuit s'étend dans le couloir, le jardin potager reste immobile dans la lumière de l'été parfait… La vraie vie sera celle qui pourra mêler ces deux forces ennemies dans le silence. Je marche. Je m'assois. Je reste seul longtemps. Je me sens tellement au bord de quelque chose.

Don Camillo et Peppone,
Che Guevara et François d'Assise

J'ai vécu dans des écoles. Dans des églises aussi. J'ai senti peser sur moi deux morales, laïque et chrétienne, contradictoires parfois, souvent complémentaires. La marque m'en est restée, au-delà des manquements, des refus. Peu à peu une troisième éthique, celle de l'écriture, a remplacé les deux premières, tout en s'appuyant sur elles.

Don Camillo et Peppone. Le curé et le maire communiste, vivant l'un contre l'autre et l'un par l'autre. Le talent de Fernandel et celui de Gino Cervi ont beaucoup fait pour le succès de ces films qu'on repasse parfois en milieu d'après-midi sur une chaîne du service public. Cela paraît très loin. Pourtant, c'était bien ainsi. Quand mon père est devenu directeur de l'école de Louveciennes, le curé est venu le trouver. J'avais six ans, et n'assistai pas à la scène, mais on la racontait souvent dans la famille. Le curé de Louveciennes, Jules Denarier. Grande stature, silhouette enveloppée mais altière. Aumônier militaire au SHAPE, le service des forces américaines alliées. Cent enfants de chœur dans les stalles de son église tous les dimanches, avec des scapulaires de couleurs différentes sur leurs aubes. Une vraie hiérarchie. Jules Denarier dit à mon père en guise d'accueil : « Vous ne ferez rien ici, c'est moi qui fais tout. »

C'était sous-estimer Adrien Delerm, petit mais costaud, volcanique à l'occasion. Bientôt, il se lança à l'assaut des privilèges denarieresques, créant un club du jeudi (alors jour de liberté des écoliers) rivalisant avec le patronage catholique. Mais le sommet de cette rivalité était atteint lors de la commémoration du 11 novembre. Le curé exigeait que les enfants de chœur assistent à la cérémonie en aube. Mon père tenait à ce qu'une très forte délégation de l'école y soit présente en civil. Il s'agissait des mêmes enfants, et moi-même, enfant de chœur durant deux ans, je fus l'objet de cette lutte. Hormis ces petits combats de coqs, les deux hommes s'appréciaient. Jules Denarier venait dîner à la maison. Sa gouvernante, Mlle Lefèvre, tempérait ses emportements, comme le faisait ma mère avec mon père.

À l'école, la morale laïque était d'abord une matière, enseignée chaque matin. Au CM2, je me souviens de lectures édifiantes. La plus dramatique était l'histoire du petit mousse, promettant à sa mère, sur le lit de mort de cette dernière, qu'il ne toucherait jamais à une goutte d'alcool. Quand la tempête se déclare sur le bateau, le petit mousse refuse obstinément le verre de gnôle que l'on fait ingurgiter à l'équipage pour tenir le coup. En dépit de tous les sévices infligés, il reste inflexible. On finit par l'attacher en haut du mât par représailles (!) et, à sa descente, à demi évanoui, il confesse la raison de son abstinence. Tout le monde verse une larme, le capitaine d'abord, mais aussi mon père, qui devait pourtant connaître l'histoire par cœur. Moi-même, je n'étais pas pressé de quitter le petit mousse pour passer à l'épreuve sur ardoise du calcul mental inaugurant la *vraie* journée de classe.

Il y avait aussi un manuel de morale, avec un texte à gauche, à droite une série de dessins divisés en deux colonnes : « Ils font le bien, ils ne le font pas. » Dans la colonne de droite, les enfants représentés qui ne faisaient pas le bien se distinguaient à de petits détails, une coiffure ébouriffée, la chaussette tire-bouchonnée en dessous du pantalon court.

Peu à peu, le centre névralgique de la morale laïque se décanta pour moi autour du mot « travail ». Mes parents étaient obsessionnels sur ce point. Mon père partait préparer sa journée scolaire dans sa classe avant six heures. Ma mère corrigeait pendant ce temps ses cahiers dans la cuisine. Certes, je les voyais bien tous deux prendre un café, appuyés contre l'évier du lavabo, vers sept heures, mais ensuite leur journée se déroulait sans aucune pause manifeste à mes yeux, de tâches pédagogiques ou domestiques en surveillance de cantine, en étude du soir. Mais plus peut-être que la réalité intrinsèque de leur labeur dominait l'idée qu'il fallait travailler, que le bien, c'était ça.

Pendant les vacances dans le Sud-Ouest, je revois mon père suant dans la canicule, cassant les blocs de pierre de l'atelier de mon grand-père à coups de massue, bêchant le jardin. Il aidait les paysans de la famille à la moisson, empoignant les sacs de blé de cinquante kilos, suscitant le respect de ceux qui auraient pu le prendre pour un intellectuel dévoyé. *Aïmo la mascagna*, disait-on à son sujet. « Aimer la mascagne », cela signifie se complaire dans une tâche difficile, jamais terminée. Ma mère jugeait le travail de mon père « excessif, déraisonnable », mais ne me proposait pas une attitude si différente. Lorsqu'on installa une machine à laver dans la maison des vacances, je la suspecte d'avoir surestimé la quantité de linge « qui ne pouvait passer en machine » pour continuer à frotter énergiquement dans le lavabo. « Tu caresses », disait-elle si je tentais de laver sans trop d'énergie une tache sur ma chemise, et le verbe était à l'évidence péjoratif. Quand la fête locale s'installait au village, je lui proposais en vain de m'accompagner au concours de pêche, au bord du Canal latéral. « Je dois monter faire les lits » : sa réponse me remplissait de mélancolie. Une seule différence avec mon père : après le repas de midi, elle s'asseyait dans le jardin et répondait à nos questions par un « Moi, mes enfants, je vous regarde ! » dont le ton et la philosophie surjoués supposaient l'immersion dans un long farniente qui ne durait jamais plus d'un quart d'heure.

Plus tard, quand le jardin demanda moins de courage terrassier, quand, progrès technologique aidant, la moisson ne requit plus le moindre renfort logistique, mon père essaya bien de s'adonner à la pêche. Mais à la tranquillité ombreuse de la pêche au bord du Canal, avec ligne de fond installée à l'écart et prise de friture « au bouchon », il préféra bientôt des départs extra-matinaux pour les rives de la Garonne, où la capture ichtyologique se pratiquait de manière beaucoup plus active, avec déterrage de larves d'éphémères, appelées aussi *popoyes*, sous les galets, puis avancée jusqu'à mi-cuisse dans une eau encore très mouvante à cette époque, au point de faire chanceler parfois.

Et moi, on ne me demandait rien. Durant les périodes scolaires, mes résultats devenus catastrophiques dans les matières scientifiques détournaient mon père du moindre espoir sérieux me concernant. Ma mère absolvait à l'avance mes insuffisances, persuadée que tout ce que je faisais était bien. Au niveau des tâches domestiques, rien à la maison, où régnait un matriarcat prononcé. Confortée dans cet état d'esprit par sa propre mère, qui vivait avec nous, la mienne revendiquait comme un privilège d'être la maîtresse de l'intérieur, de régner dans sa cuisine. Rien dehors non plus « côté hommes », car je n'ai jamais eu assez d'intimité physique et mentale avec mon père pour partager une activité bricoleuse ou jardinière. De temps en temps, il tentait maladroitement et sans conviction un geste de tendresse à mon égard que j'esquivais au plus vite, ce qui devait le faire souffrir. Et revenant d'une partie de foot ou d'une balade à bicyclette, je croisais son regard silencieux et réprobateur, alors qu'il transpirait lui-même d'une transpiration différente – une transpiration sérieuse.

Libre, je fus bientôt libre. La transgression de la morale du travail était présente dans toutes mes sensations ; elle leur donnait une saveur magique. Je m'abîmais dans la contemplation indéfinie des moulins de Hollande imprimés sur la toile cirée, je plongeais si longtemps dans les glaciers rouges du pot de confiture de groseilles. Personne autour de moi ne se livrait à cette lecture indolente de la réalité. J'existais. Quand la bienséance me contraignait à faire semblant de me concentrer sur mes devoirs, je posais un livre de maths et un cahier sur le bureau de ma chambre, et je laissais parler les signes sans même tenter de les gouverner. Je devenais le papier vert pâle recouvrant le manuel Lebossé et Hémery, je devenais le regard vague et farouche de James Dean sur le poster à côté de mon lit.

Si une satisfaction palpable émanait de toutes les petites réclusions, que dire de la découverte des collines occitanes seul à bicyclette, des heures de cours séchées à arpenter la terrasse de Saint-Germain-en-Laye, pendant mes années de lycée ! Bien plus qu'autour du café Chez Henri, où les trois ou quatre « de la bande » nous retrouvions, la terrasse de Saint-Germain est restée pour moi liée à une ivresse fautive et enchantée. L'année de terminale, je n'ai pas mis les pieds à un seul cours d'histoire et de géographie, persuadé que je réglerais les problèmes, après l'échec au bac, en partant en Amérique du Sud faire la révolution au nom du Che Guevara – oui oui.

La religion ? Elle était là aussi. Franciscaine. J'avais découvert et interprété à ma guise les *Fioretti* de François d'Assise. J'écoutais la voix profonde de Félix Leclerc chanter l'hymne à la création, qu'il avait mis en musique : pour notre frère le vent, pour l'air et les nuages, pour notre sœur l'eau… À l'opposé des onctueuses phrases sacerdotales renfermées qui m'horripilaient désormais, je trouvais en François une exaltation du monde, une plénitude où le céleste et le terrestre se réconciliaient. Avec un royal égocentrisme, je vibrais au déploiement des cosses de marronnier, à la liberté de balancer à bout de bras une sangle désinvolte attachant quelques cahiers et bouquins. Comme François, j'étais en amitié avec les choses de la terre.

J'aimais cette ivresse incertaine qui ne m'emmenait vers rien de précis. La tristesse était bonne, je m'y sentais chez moi, et le bonheur l'éclaboussait à chaque instant. Aucune présence à mes côtés ne m'indiquait la voie sociale possible d'une création artistique, et c'était beaucoup mieux ainsi. Je n'orientais pas dans une direction précise ce trop-plein d'être. Une fois, une seule, j'eus envie d'écrire *gratuitement* sur la neige pendant que tournait sur la platine un disque de Chopin. Mais le résultat me déçut. Rien de moi là-dedans. Seulement Chopin et la neige. Je restais sous les mots. Un seul peut-être pour tout dire, en ne disant jamais rien. Un seul.

L’amour silence

Amoureux. C'est le premier rendez-vous avec les mots qui manquent. Je suis en troisième au lycée de Sèvres. Un lycée mixte, mais les deux clans s'interpénètrent peu. Bien sûr, j'échange quelques mots avec les filles, mais sans plus. Et puis il y a Geneviève, visage fin et long, cheveux courts et bruns, grands yeux sombres. Étonnamment, c'est une des filles à qui je parle le plus facilement, peut-être à cause de son amie Brigitte qui, elle, parle à tout le monde. En cours, nos regards se croisent. Geneviève doit être assise loin de moi dans la classe pour que ce discours silencieux s'installe. Il faut aussi que les autres élèves et le professeur soient absorbés, de préférence au moment d'un devoir écrit, et ne puissent deviner notre jeu secret. Un jeu ? Non, c'est très sérieux, presque grave. Dès les premiers instants où nos regards se croisent ainsi, nous savons que nous creusons l'impossibilité de nous rencontrer davantage. Jamais un sourire. Une longue interrogation plutôt, et l'idée partagée qu'il s'agit là d'une rencontre absolue et condamnée. Par orgueil peut-être. Lequel de nous pourrait parler après un tel silence ?

Au fil des jours, un renoncement devrait succéder à ce questionnement sans avenir. Mais non. Nous avons besoin d'avancer indéfiniment dans ce mystère-là, qui ne nous promet rien, et nous éloigne. Plus il y a ces regards, et plus les mots deviendraient dérisoires. C'est une très bonne élève, surtout en français, la seule matière où je brille un peu. Pour le reste, je me laisse entraîner sans réagir sur la voie d'un redoublement annoncé. Nous sommes donc censés être dans la classe les champions de ces mots qui ne nous viendront pas, dont nous prenons un plaisir masochiste à peaufiner l'absence. Le plus curieux est que nous restons capables d'échanger autrement, quoique brièvement, quand nous rentrons du lycée avec Brigitte et mon copain Axel, de critiquer tel ou tel prof. Mais le cérémonial de la classe installée ramène inéluctablement cet essentiel qui nous domine et nous échappe.

L'amour silence. Je ne fais que découvrir ce pays attirant et douloureux où je vais vivre longtemps. L'année d'après, je redoublerai ma troisième au lycée Marcel-Roby de Saint-Germain-en-Laye. Près de trois mille garçons. Le lycée des filles, Claude-Debussy, est juste à côté. Mais c'est un autre continent. Il y a le trottoir des filles, et celui des garçons. Entre les deux, la rue est une mer à traverser. Aucun de mes nouveaux amis n'a de sœur. Les filles vont rester lointaines.

Gérard, avec son accent marseillais, a une phrase cérémonieuse et très civilisée pour les aborder : « Est-ce que ça vous ennuie qu'on fasse connaissance ? » Ça marche assez souvent. Mais je n'ai pas envie d'utiliser ces mots-là.

Je me regarde dans les glaces, les vitrines des magasins. Je veux être beau et je veux être moi, deux états me paraissant incompatibles. Je ne sais pas trop ce que c'est qu'être moi. Je sais que je ne le saurai pas tant que je n'aurai pas les mots pour ça. Être beau est plus simple, même si je n'ai pas de réelle disposition. De mon enfance, du début de l'adolescence, je garde les sentiments mêlés d'une forme de balourdise, de maladresse et de timidité. Les photos me montrent avec les cheveux trop courts, une allure engoncée dans mon costume lors des moments officiels, où je suis le plus souvent pris en photo – communion solennelle, mariage de mon frère. Je suis très loin de la silhouette libre de Folco. Et puis, avec la vraie adolescence, l'obsession d'être beau semble donner des résultats. Les photos attestent cette transformation qui va durer quatre ou cinq ans – juste le temps d'habiter l'amour silence.

Ce n'est pas un hasard. Il faut que quelque chose manque. Le matin, Gérard passe me prendre vers sept heures et demie et nous allons au lycée à pied. Notre trajet n'est pas innocent. Sur le trottoir de la rue Léon-Desoyer, nous croisons le flot des filles qui vont au lycée technique Jean-Baptiste-Poquelin, à deux pas de l'école de la rue d'Alger où j'habite. Elles sont moins bourgeoises que les filles de Debussy. Des regards accrochent le mien. C'est toujours le même scénario. On se remarque de très loin, mais on fait semblant de ne pas se voir, on continue de bavarder de part et d'autre. Presque face à face, à vingt mètres environ, c'est là que le tournoi commence. Il y a une espèce de dureté interrogative, puis une forme d'acquiescement, aussitôt dissipée par la brièveté de l'échange. On ne se retourne pas. Il faut que la réserve demeure pour que la scène puisse recommencer le lendemain. Tant de rencontres informulées, de vies inventées qui se cristallisent et se défont une à une, dans le fer engagé du regard, une impérieuse exigence, et puis ce partage profond, aussitôt défait par le rythme de la marche préservé, la conversation reprise, un enjouement factice quelquefois.

D'autres rencontres muettes, dans un espace plus isolé, vont jusqu'au sourire. Là, c'est autre chose. Une complicité d'un autre ordre, moins orgueilleuse, moins parfaite, une transition offerte vers des premières phrases possibles, dont la maladresse même serait pardonnée. Mais quand la rencontre et le sourire se répètent, cela devient une souffrance aussi. Le cauchemar absolu sera le sourire si souvent croisé de Béatrice, élève à Debussy – je saurai son nom par des copains, et son adresse, 73, avenue du Maréchal-Foch, pour l'avoir suivie jusque chez elle, le jour du monôme de Noël.

Le monôme. Une occasion idéale pour parler, je le sais trop. Le flot des filles et celui des garçons se mêlent, le dernier soir de classe. Dans une atmosphère de chahut un peu forcé, on va jusqu'à la place du Château. Depuis plus d'un mois, je croise le regard de Béatrice, de l'autre côté de la rue. Mais c'est ce soir qu'il va falloir se lancer, il n'y aura jamais d'occasion plus facile. À plusieurs occasions, les soubresauts de la cohorte lycéenne nous rapprocheront. La première fois je ne lui dirai rien, et dès lors c'est impossible. Une gêne palpable s'installe. De moins en moins de sourires. Nous en revenons à la question longue du regard. Et puis, à trop se savoir, tellement trop proches, plus de regards, et cette longue mélancolie, tout à coup.

Décembre 1965. Je viens d'avoir quinze ans. L'avenue du Maréchal-Foch est comme un quai de gare où je la laisse s'éloigner. Je rentre chez moi. Ma mère est partie à Mulhouse pour la naissance de mon premier neveu, Emmanuel. Je reste dans ma chambre et je repasse infiniment le quarante-cinq tours d'Hugues Aufray, *Je croyais*, assez pâle adaptation du *Yesterday* des Beatles. La fin de l'année sera triste.

Je suis écrivain, là, dans ces phrases que je n'ai pas su prononcer. Non parce que j'ai traversé quelques années l'amour silence, mais parce que ma réponse aura été l'écriture. C'est tellement fort d'être amoureux ainsi. Ensuite… L'écriture est toujours la traduction d'un manque, d'une fêlure, une façon de déplacer les atomes de la réalité. Parmi ces manques, l'amour silence reste une douleur déterminante. Être sûr à la fois que la rencontre qui changerait tout est là, mais qu'elle ne se fera pas en raison même de sa perfection, c'est sentir vraiment le pouvoir des mots, avec la mélancolie de se dire qu'ils viennent toujours trop tard. Plus tard, j'oserai des phrases maladroites, je rencontrerai d'autres filles et rien ne sera parfait. Mais je n'en tirerai pas la conclusion que les absences de rencontre de l'amour silence eussent été pareillement bancales. Celles-là sont à tout jamais parfaites, puisqu'elles n'ont pas connu les mots ratés. Il y a donc des mots à réussir. Des mots que le trop tard invente. Des mots d'amour silence.

L'aiguille de Proust

Je ne suis pas écrivain parce que j'ai été professeur de lettres. Mais ma façon d'être professeur de lettres a influencé le type d'écrivain que je suis devenu. Je n'étais pas viscéralement enseignant. Avec des parents instituteurs passionnés de pédagogie, une sœur, une belle-sœur, une femme professeurs de lettres, je me rends compte, par comparaison, que je n'avais pas le virus pédagogique. J'ai failli devenir journaliste sportif, et je le serais devenu si un stage à *France-Soir* ne m'avait pas dégoûté précocement. Être le nouveau Robert Parienté de *L'Équipe*, un spécialiste d'athlétisme écrivant des livres en dilettante, voilà quel était mon rêve professionnel. Au lieu de cela, je suis devenu professeur de lettres en collège, et si j'ai passé avec bonheur toute ma carrière avec des élèves de cet âge, c'est parce que les élèves de sixième sont encore des enfants, avec leur créativité, leur ouverture, leur générosité, que les élèves de troisième sont des adolescents, avec leurs silences, leurs fêlures, leur difficulté d'être.

Enseigner les lettres ne consistait pas pour moi à transmettre des notions de français ni de littérature. Il s'agissait davantage de donner envie de lire, envie d'écrire, envie de parler aussi. Je me suis toujours *découvert* devant mes élèves, ne leur cachant pas que si j'aimais leur révéler mes convictions, mes sentiments les plus personnels, c'était pour recevoir la même chose de leur part, sans attendre du tout leur adhésion, mais provoquant leur réaction. Avec les plus grands, j'ai pu sans risque d'accusation de pédophilie utiliser l'expression « Mettez-vous à poil ! », censée dédramatiser la révélation. Je n'ai pas été floué dans ce rapport, recevant tout autant que je donnais. Je ne suis pas sûr qu'enseigner soit un métier – la correction de copies mise à part –, mais c'est une façon d'envisager le métier de professeur à la fois très gratifiante et très éprouvante nerveusement. Les problèmes de spasmophilie que j'ai connus, que je continue un peu moins à connaître, doivent beaucoup, je pense, à cette exposition.

J'ai parfois rencontré des écrivains qui ne faisaient qu'écrire – et éventuellement allaient dans les écoles et les lycées en tant qu'auteurs, parlaient de leur œuvre lors de conférences… Cela ne m'a jamais tenté. J'ai toujours pensé qu'il était sclérosant de rabâcher sur soi-même, quand on désire poursuivre un chemin d'écriture. En revanche, j'ai accordé un vrai crédit à ceux qui affirmaient que la situation la plus privilégiée pour un écrivain est d'avoir un métier alimentaire, sans grand intérêt, de caractère bureaucratique, ou alors une tâche purement physique. Des contraintes horaires privilégiant le désir de donner un sens au temps qui reste, mais pas de réel investissement. Le métier de professeur tel que je l'ai envisagé s'est révélé fatigant. Pourtant, je n'ai jamais souhaité le pratiquer autrement, enseigner dans un lycée devant des élèves qui prenaient des notes pour le bac, ou en faculté discourant sur l'un de mes auteurs préférés.

Il est impossible d'écrire si l'on n'est pas du tout lecteur. Mais donner le goût de lire est ce qu'il y a de plus difficile. Daniel Pennac rend parfaitement compte de ce problème dans son essai *Comme un roman*. Faire écrire est paradoxalement plus facile, même avec des jeunes possédant de réelles difficultés d'expression. Je me souviens d'élèves de quatrième technologique rebutés par le français, mais soudain concernés s'il leur était demandé d'écrire un petit roman évoquant leur passion pour le football ou la mobylette. Cela peut paraître le comble de la démagogie, mais à mes yeux, c'est tout le contraire. Tout d'un coup, ils devenaient capables d'écrire beaucoup plus long qu'à l'accoutumée, et même de faire preuve d'une rigueur inattendue dans l'expression de leurs idées. Enseignant à Bernay, en Normandie, j'avais la chance d'avoir un public scolaire très hétérogène : des élèves brillants, beaucoup de moyens, des très faibles aussi. Être professeur de français est un vrai privilège dans ce cas-là. Il y a toujours un domaine où un enfant, un adolescent peuvent briller : explication de texte, rédaction, orthographe, grammaire, théâtre, récitation. C'est pourquoi j'ai lutté vigoureusement, à la fin des années 90, contre la globalisation des résultats de français, enfermés dans des « séquences pédagogiques » imposant par ailleurs un vocabulaire rébarbatif. Comment se passionner pour un texte si l'on vous demande d'abord à son sujet : « Quelle est la situation d'énonciation ? »

J'avoue avoir souvent utilisée l'explication de texte orale comme… un prétexte. Prétexte à faire sentir, puis à faire dire. Un bon auteur est comme une épingle minuscule pénétrant dans la peau. Cette épingle, c'est la singularité d'un regard et d'un style. Plus l'aiguille est fine, plus elle pénètre profondément, et va rencontrer la substance profonde de l'autre. Je tentais d'expliquer à mes élèves un passage de la *Recherche* sur les noms de lieux : « Le nom de Parme apparaissant compact, lisse, mauve et doux, si on me parlait d'une maison quelconque de Parme dans laquelle je serais reçu, on me causerait le plaisir de penser que j'habiterais une demeure compacte, lisse, mauve et douce, qui n'avait pas de rapport avec les demeures d'une ville d'Italie, puisque je l'imaginais seulement à l'aide de cette syllabe lourde du nom de Parme, où ne circule aucun air, et de tout ce que je lui aurais fait absorber de douceur stendhalienne et de reflet des violettes… » Texte très difficile a priori pour des enfants, mais qu'ils peuvent comprendre en raison même de sa singularité. L'aiguille est fine. Elle peut s'enfoncer si profondément qu'à un moment elle va rencontrer le moi profond, le moi poétique de l'enfant. Il va trouver non pas une adhésion à ce que dit Proust, mais une équivalence en lui. Si l'on essaie d'éveiller cette équivalence, on quitte en apparence l'explication de texte proprement dite. C'est cette expression-là qui m'intéressait le plus : « une demeure compacte, lisse, mauve et douce ». Les élèves avaient leurs noms de lieux, de villes, et un trésor de sensations liées au pouvoir du nom qu'ils n'auraient jamais osé libérer s'il n'y avait eu l'épingle proustienne. Tout le monde n'est pas Proust. Mais tout le monde a en lui une ville compacte, lisse, mauve et douce, ou tranchante, amère, vénéneuse, un village sucré, nonchalant, mordoré. Il faut juste lire un peu pour pouvoir commencer à dire.

Quand j'ai commencé à enseigner, j'avais des rêves d'écriture. Je dissociais complètement les deux activités, satisfait d'avoir en quelque sorte terminé ma journée avant qu'elle ne commence. L'écriture était ma part de solitude et de secret, un besoin profond se résignant mélancoliquement à l'impossibilité de publier, puisque durant huit ans ce fut le cas. Mon métier de prof était par contre joyeux. À mes longues années de paresse succédait un désir boulimique d'activités pratiquées avec les enfants, les adolescents : club théâtre, club football au collège, guitare d'accompagnement à la maison des jeunes de Beaumont, entraînement d'athlétisme au club du Neubourg. La moindre de mes compétences trouvait tout à coup l'occasion d'un partage. Bien sûr, il y avait dans tout cela la posture de celui qui donne, qui transmet. Mais en même temps, je ne me sentais pas réellement professeur dans mes attitudes. Le club football au collège était symptomatique de cet état d'esprit : je l'organisais, mais je jouais aussi, et c'était finalement pour jouer que j'organisais. Tant mieux si cela permettait à certains élèves, très faibles en français, de me manifester une part d'eux-mêmes plus valorisante, qui changeait aussi notre rapport en cours.

J'ai ainsi cherché longtemps dans des activités annexes – favorisées sans doute par le climat général des années baba-cool post-soixante-huitardes – ce qu'en fait je cherchais aussi dans mes cours de français ; et puis, au fil des années, cela a changé un peu. À partir de 1983, j'ai commencé à publier, et même si ce ne fut longtemps que pour un succès d'estime, cela rompait avec le détachement matinal du rituel de l'écriture. On en parlait pas mal dans le journal local, et ce statut d'écrivain-professeur me donnait une latitude différente dans ma classe. De plus en plus, mon territoire d'écriture et mon enseignement se sont rapprochés. Je crois que j'ai été un professeur minimaliste avant de devenir résolument un écrivain minimaliste. Qu'est-ce qui pouvait donner aux écrits de mes élèves une vraie personnalité ? L'abandon des grands thèmes, des grandes idées, des grands sentiments au profit de petites sensations, de micro-atmosphères dont nous sommes tous dépositaires, mais souvent sans savoir qu'il est normal, qu'il est utile de les nommer, de tenter de les formuler. Mon cours de français était un cadre privilégié pour cela. À l'oral, pas de problème avec les sixième, toujours bouillants d'impatience de dire et de se dire – un peu plus limités quant au désir d'écouter l'autre. Avec les troisième, plus délicat de passer le barrage de la pudeur, de la peur du jugement du prof, et bien davantage d'oublier le regard des camarades. Mais l'enjeu était aussi excitant que difficile.

À l'écrit, par contre, dans le cérémonial très particulier de la copie rendue, annotée, balafrée de rouge, c'était beaucoup plus simple d'oser, même pour les adolescents. Il y a un mystère de la copie, comme il y en a un de la transformation d'un projet d'écriture en livre. A priori, le rite est sclérosant. Un espace rectangulaire, un sujet, une date de remise, des lignes tracées, une marge pour la correction. Tout cela qui semble dissuasif de la révélation s'y révèle au contraire très favorable. Question de confiance évidemment – et je sentais que l'essentiel de mon travail était l'épanouissement de cette confiance. Question de désir de transgression aussi. Cette part de moi qui va être notée, corrigée, qui va entrer dans ma moyenne, quelle revanche si je peux en briser la froideur présumée en y instillant quelques molécules de moi profond, le petit moi, le seul que je puisse approcher, le moi d'épingle.

Au fur et à mesure que je prônais dans mes classes cette écriture intimiste, je sentais l'envie d'écrire moi-même de façon plus intimiste. À la fin des années 80, je commençai à rédiger de courts textes destinés aux enfants, et commençant par « c'est bien ». C'est bien d'être malade, c'est bien le jour où il pleut pendant les vacances à la mer, c'est bien d'avoir annoncé une mauvaise note. Ces textes courts jouaient souvent sur une situation un peu paradoxale, et se nourrissaient à la fois de mes souvenirs d'enfant, des situations que j'avais partagées en regardant vivre mon fils Vincent, de celles que je partageais avec mes plus jeunes élèves ; textes très importants à mes yeux, et regroupés bientôt dans un recueil intitulé *C'est bien*. Pour la première fois, j'y utilisais presque uniquement le pronom indéfini « on ». Pronom longtemps banni par l'école. Certains instituteurs appelaient autrefois ce « on » le « pronom bête » quand ils n'utilisaient pas l'adage « On, c'est des cons ». Souvent, moi-même, j'avais été contraint d'écrire dans la marge d'une copie : « Tu sais de qui il s'agit. Tu es donc obligé de dire “nous” au lieu de “on”. » Quand j'étais enfant, la nature même des sujets contraignait souvent à employer ce « nous », dans un récit au passé. Racontez une promenade familiale. Il y avait certes des phrases assez naturelles, employant le personnel « je ». Mais d'autres passages donnaient des « Nous jouâmes au badminton... Nous reprîmes la voiture... » Dans le meilleur des cas, quand l'emploi du passé simple était maîtrisé.

Quand on sait de qui il s'agit, il faut dire « nous ». Et si l'on se met – si je me mets – en position de ne pas savoir de qui il s'agit ? Je dis quelque chose, mais je n'écris pas seul. Je destine ce texte à un lecteur. Pourquoi ne pas lui proposer la connivence, le partage, puisque seuls la connivence et le partage peuvent me permettre de le rencontrer ?

Il y eut donc un *C'est bien*, publié en 1990. La découverte de cette intensité narrative du « on » m'était venue par la fréquentation des élèves, et une certaine façon de leur faire cours. Bientôt, presque insensiblement, je me mis à rédiger d'autres textes courts utilisant le « on » avec une syntaxe, un vocabulaire plus complexes et le désir de les destiner à un public adulte. Les premiers furent « Prendre un porto » et « Mouiller ses espadrilles ». Sans le savoir, je commençais *La Première Gorgée de bière et autres plaisirs minuscules*.

L'esprit d'enfance

La dernière fois que j'ai été invité dans l'émission *Thé ou café*, Catherine Ceylac avait comme d'habitude fait interroger par son équipe quelques personnes à mon sujet. La réaction de Patrick Montel, le spécialiste de l'athlétisme à France Télévisions, dont je venais d'être le consultant pour les Jeux olympiques de Pékin, commença par cette phrase répétée : « C'est un enfant. » Ma réaction sur le plateau fut bien sûr souriante, puis nous parlâmes quelques instants avec l'animatrice de cette expérience extraordinaire pour moi. Mais en dépit de la fluidité et de la vitesse des rapports humains dans un exercice de ce genre, la phrase m'est restée. « C'est un enfant. » Faut-il se féliciter d'être à soixante ans perçu de cette manière par quelqu'un avec qui on a passé quelques moments de vie privilégiés, mais qui n'est pas un proche ? Je ne me suis pas posé la question ainsi. Je ne me suis pas demandé si c'était valorisant d'être considéré comme un enfant. J'ai pensé que c'était profondément vrai, et que Patrick Montel avait sans doute dit l'essentiel.

Il y a beaucoup de façons d'être un enfant quand on est aussi un homme d'âge mûr dans la société occidentale contemporaine. La plupart ne sont pas très glorieuses. Collectionner les voitures, les femmes, les honneurs, ou les rôles de pouvoir, relève à l'évidence d'une attitude enfantine. Passer ses soirées à regarder des matchs de football également. Vouloir aller au bout d'une passion voyageuse tandis qu'on a par ailleurs choisi d'avoir une famille me semble une contradiction très caractéristique de l'infantilité virile. À l'évidence, ce n'est pas une de ces façons de rester un enfant que Patrick Montel avait souhaité évoquer.

Était-il à mes côtés lorsque j'eus avec Martine, la femme de toute ma vie, ma première conversation, à la faculté des lettres de Nanterre ? C'est à croire. Martine et moi avions dix-neuf ans tous les deux. Nous n'avons parlé que d'une chose. De l'enfance. De nos cours d'école respectives. La sienne, rue Damrémont, 18e arrondissement, me sembla tout de suite si désirable… C'était beaucoup plus qu'un sujet de hasard. Nous avions vu l'enfance en l'autre. Dans *Pour qui sonne le glas*, Hemingway fait dire à l'un de ses personnages : « Quand vous avez vu l'enfance dans une femme, vous êtes fichu. » On voit bien ce que le mot « fichu » peut signifier dans le contexte d'un roman d'Hemingway. Pour nous, bien sûr, c'était autre chose. Une histoire d'amour placée dès le premier jour sous le signe de l'enfance, voilà ce qu'aura été notre vie. Martine était déjà créatrice quand je l'ai rencontrée. Des poèmes, des pièces de théâtre, des dessins. Elle avait voulu faire les beaux-arts, et avait rencontré plus qu'une réticence familiale, parce que c'était un monde suspect. Première de sa famille à poursuivre des études, elle était investie d'une responsabilité. Les lettres, à la rigueur, si c'était dans l'hypokhâgne de Jules-Ferry, le lycée où elle avait toujours été élève. Têtue, elle avait quitté cette classe au bout d'un mois pour venir à Nanterre, un lieu de perdition où elle se prépara quand même à devenir quelques années plus tard major au Capes et agrégée. Le professorat se profilait à l'horizon, comme pour moi, d'autant qu'il y avait à l'époque l'Ipes, Institut de préparation à l'éducation secondaire. Un concours à la fin de la première année de licence permettait de l'intégrer, et de poursuivre des études tout en touchant une bourse conséquente, presque un petit salaire. Très vite, cette possibilité de nous marier le plus tôt possible et de vivre ensemble dirigea notre choix, davantage qu'une fascination pour la pédagogie. L'idée de devenir professeurs nous plaisait bien pourtant, même si nous ne savions pas encore que ce serait en collège et en Normandie.

En rencontrant Martine, je rencontrais aussi une artiste qui se cherchait, mais savait que l'enfance serait au centre de cette quête. Autodidacte complète en dessin, elle progressa vite, commençant à concevoir des albums complets, textes et illustrations. C'était le début d'un chemin difficile, quand on ne connaît personne dans ce domaine. En revanche, les années 70, 80 étaient de belles années pour l'album jeunesse, les maisons d'édition accueillant des projets originaux, loin de la mièvrerie et du conformisme des décennies précédentes, loin aussi du commercialisme écœurant qui s'impose depuis le début des années 2000 – utilisation sans vergogne des jeunes talents issus des écoles graphiques, absence de suivi de leur carrière, déclinaison de « prouts » en tout genre et parutions sous licences. Il y avait une vraie recherche esthétique et littéraire concernant l'album jeunesse, l'exemple le plus pur en étant la maison d'édition Ipomée, créée par Nicole Maymat. Une grande époque pour les illustrateurs : Georges Lemoine, Frédéric Clément, Claire Forgeot, Jean Claverie, Alain Gauthier, Claude Lapointe, tant d'autres…

Plus difficile toutefois d'imposer des albums textes et dessins, les éditeurs préférant se réserver le choix d'associer un auteur à un illustrateur. Or, c'était à l'encontre du désir de Martine, qui ne se considère pas comme un peintre ni un écrivain, mais comme une créatrice désireuse d'installer un univers personnel, textes et dessins associés. Avec le temps et la patience, de beaux albums viendraient au jour, sujets souvent durs – la différence, l'ennui, la recherche de l'identité dans un monde marchand – équilibrés par la douceur d'aquarelles de plus en plus épurées : *La Petite Fille incomplète*, *Origami*, *Je m'appelle Alice*, *Papiers de soi*,

Funambule, *Zoé*, *Barnabé peintre d'ombres*... Ce sont moins des livres pour les enfants que pour les enfances. Bien sûr, ils sont destinés à un jeune public, et même à un très jeune public s'il y a double lecture, et dialogue. Mais Martine a aussi un public d'adultes qui retrouvent dans sa démarche une part d'eux-mêmes enfouie. Je me souviens d'un homme d'une trentaine d'années qui, au Salon du livre de jeunesse de Montreuil, au début des années 90, feuilleta longtemps sur le stand Ipomée *La Petite Fille incomplète* en répétant : « C'est moi, c'est tout à fait moi ! » avant d'en acquérir trois exemplaires. Même chose pour Tatiana, dessinatrice ukrainienne qui, découvrant une aquarelle de Martine représentant une petite fille transparente assise prostrée dans un bois de bouleaux automnal, lui écrivit : « C'est moi que vous avez dessinée. »

Inutile de dire qu'imposer un tel mode d'expression fut toujours un combat. La société est très condescendante à l'égard de l'enfance. « L'enfant, ce petit homme en devenir » : cette formule récemment employée par le ministre de l'Éducation (!) résume l'attitude générale. Martine et moi nous sentons un peu des ovnis dans ce monde. Nous pensons tous les deux que l'enfance est l'essentiel. On peut mourir à cinq ou à dix ans en ayant vécu plus haut et plus fort que si l'on avait connu ce qu'on appelle un destin. C'est l'intensité qui compte et, quelle que soit l'enfance, elle est toujours tellement plus intense que tout le reste.

Dans notre histoire, l'esprit d'enfance est omniprésent. Non, nous ne nous sommes pas rencontrés par hasard. Oui, la quête créatrice de Martine a profondément marqué mon propre chemin. Je n'écrivais pas pour les enfants, quand j'ai commencé à rédiger mes premiers romans. Mais l'enfance, la mémoire étaient dans toutes mes pages. Puis est venu le temps des *C'est bien* qui ont constitué une sorte de sésame. C'est en passant par le désir de retrouver mon regard de dix ans que j'ai eu tout à coup accès à ce qui serait *mon* genre : le texte court, rédigé avec le pronom « on » et évoquant des éclats isolés, qui pouvaient être des petites madeleines, ou des épiphanies, la volonté de réenchanter le quotidien. Je ne sais pas si je suis « un enfant », comme le dit Patrick Montel. Mais je pense qu'il a vu clair, plus clair que la majorité des critiques littéraires. L'analyse la plus gratifiante qu'on ait effectuée à mon sujet l'a été par Jacob Dellacqua, chroniqueur à France Inter dans une émission de la regrettée Kriss : « On a tous baigné dans la rivière de l'enfance. Mais Philippe Delerm, lui, il est resté mouillé. »

Garder l'esprit d'enfance n'est pas seulement un privilège. C'est aussi une blessure. Se rappeler toujours qu'on a vécu plus fort avant, c'est accepter d'emblée que la vie soit une défaite. La plupart des gens le conçoivent à l'approche de la vieillesse. Martine et moi le pensions à vingt ans, ce qui est plus singulier, je crois. Je me souviens de l'étonnement à ce sujet de notre vieil ami Jean Loize, une personne qui a beaucoup compté pour nous. Jean Loize était dans le milieu du siècle un libraire-galeriste de la rue Bonaparte. Il montait des expositions littéraires. Léautaud parle abondamment dans son *Journal* de celle qui lui fut consacrée. Grand spécialiste de Gauguin, Loize fut aussi l'auteur d'une véritable somme biographique consacrée à Alain-Fournier, *Alain-Fournier, sa vie, son œuvre*, publiée chez Hachette en 1968, alors que Jean avait déjà pris sa retraite à Saint-Rémy-de-Provence. Ce livre fut abondamment pillé depuis. Comme souvent dans les biographies, il y a celui qui fait le vrai travail et ceux qui se contentent de le mettre à leur sauce. Le travail de Loize sur Alain-Fournier, remarquablement écrit, était une entreprise d'entomologiste. Pendant près de trente ans, il a effectué une enquête pointilleuse, interrogé tous les survivants, arpenté tous les lieux, mis au jour des contradictions passionnantes, mal ressenties par la famille de l'auteur, et notamment par sa sœur, qui souhaitait qu'on s'en tienne à une vision angélique et fausse. Pour une tâche consacrée à une vie si courte – Alain-Fournier a vécu vingt-huit ans –, le résultat est impressionnant. À la fac de Nanterre, j'eus souvent recours à ce livre en rédigeant mon mémoire de maîtrise sur un thème qui ne surprendra pas les lecteurs de ces pages : *Le Mythe de l'école dans l'œuvre d'Alain-Fournier.* Ce travail universitaire terminé, je cherchai l'adresse de Jean Loize et le lui envoyai. Il m'écrivit une lettre très chaleureuse en retour, nous invitant, Martine et moi, à venir les voir, sa femme

Gilberte et lui, à Saint-Rémy, où nous attendait « une chambre pour les amis ».

Il y eut ainsi un premier séjour d'une semaine. Gilberte et Jean furent tout de suite pour nous des grands-parents d'élection, qui nous donnèrent la clé d'un monde que nous attendions sans espérer le pénétrer : celui d'une vie consacrée aux livres, à la peinture – Gilberte était un excellent peintre –, à l'intérêt porté aux destins des créateurs. Ils nous apprirent toute une façon d'être. Comment, dans le rapport aux objets, la façon de poser des fruits sur un coin de table, installer des atmosphères à la fois simples et subtilement chaleureuses, parlantes.

Première nuit passée dans la chambre de Saint-Rémy. Nous sommes réveillés au matin par le mouvement lent de la *Symphonie cévenole* de Vincent d'Indy. Jean avait poussé un magnétophone à cassette contre la porte de notre chambre. La lumière de Provence à travers les persiennes, les murs un peu salpêtrés de cette grande pièce pleine de gravures et de livres, l'ampleur de cette mélodie « sur un chant montagnard », la discrétion expectante de ces amis qui nous offraient le jour, un nouveau jour : ce réveil-là, je l'ai gardé.

Gilberte et Jean s'intéressèrent bientôt à nos premières tentatives, surpris de nous découvrir si passéistes. « Vous êtes au début, et vous ne le savez pas ! » nous dit Jean. L'amitié avec Gilberte et Jean Loize fut décisive, pour Martine comme pour moi, même si elle ne dura que quelques années. Après leur mort seulement, nous commençâmes à publier.

« Vous êtes au début et vous ne le savez pas. » Jean avait raison et tort. Raison car nous étions beaucoup plus au début que nous ne le pensions à l'époque. Tort parce que toute la suite de notre parcours resta fidèle à cette idée : la supériorité de l'état d'enfance. Tout. Le plaisir d'exercer un métier nous mettant en contact permanent avec des enfants. Le bonheur de voir grandir le nôtre, et de retrouver grâce à lui l'intensité partagée de son rapport au monde. La nécessité de poursuivre une œuvre obsédée par l'esprit d'enfance.

Je viens d'écrire souvent « nous ». Paradoxal pour un auteur qui a fait de l'illustration du « on » son cheval de bataille stylistique. Mais peut-être nécessaire pour dire combien nous avons été ensemble, Martine et moi, dans l'accomplissement chacun d'une œuvre singulière, dans des domaines différents. Malgré tout, la source de notre individualité était commune. La notoriété que j'ai eu tardivement la chance de connaître, puis celle que Vincent gagna précocement ont sensiblement faussé le regard porté sur notre couple. Couple de créateurs, ce qui n'est pas si fréquent. Couple de créateurs retranchés derrière l'apparence sociale d'un métier, ce qui est plus rare encore. Première de nous deux à publier, vite reconnue dès lors dans sa singularité, Martine a eu à souffrir de mon succès. Pour beaucoup, elle est devenue « la femme de Philippe Delerm », ce qui ne correspond guère à l'élan qui nous habitait, ni à la façon dont nous avons taillé la route. Il faut sans doute moins voir dans cette injustice une forme de sexisme qu'un mépris fondamental de notre société pour l'enfance.

Pour en revenir au « je », certains seront peut-être surpris que quelqu'un qui a pu passer aux yeux de beaucoup pour un parangon de zénitude, quelqu'un qu'on a souvent essayé d'enrôler dans les régiments de professeurs de bonheur qui se multiplient ces derniers temps, soit avant tout un mélancolique. L'instant pour l'instant ne m'intéresse pas. L'instant ne me touche et ne devient mon sujet que quand il est fragile, menacé, enrichi de tous les instants plus forts qui l'ont précédé. J'ai écrit quelque part : « Le bonheur, c'est d'avoir quelqu'un à perdre. » Sans trop me parodier, je pourrais dire aussi : l'écriture est une enfance à regagner.

Remords

L'exigence d'enfance ne devint consciente qu'à la fin de mon adolescence. Sans ma rencontre avec Martine, se serait-elle cristallisée de la même manière ? J'ai tendance à penser que non. Surtout, elle ne se serait pas engagée dans un besoin de création d'une soudaine évidence.

Mais rétrospectivement, j'ai pu réaliser qu'une exigence était suspendue au-dessus de moi. Je suis né avec un frère, Jean-Claude, et une sœur, Simone, âgés de douze et onze ans. J'ai mis des années avant de découvrir que la petite photo d'une tombe sur la table de chevet de ma mère était celle d'une autre sœur, Michèle, que je n'ai jamais connue. J'ai entendu sans qu'on s'en doute la grande histoire familiale, liée aux bombardements alliés de la seconde guerre mondiale, et évoquée à demi-secret. Mes parents et leurs trois enfants réfugiés dans une carrière, puis ensevelis par une explosion. Les secours officiels renonçant à les déterrer. Mais les gens du village persistant, disant qu'on ne pouvait les laisser là, et parvenant à les sauver. Mon frère avait reçu des éclats de la bombe dans le poumon. Il s'en tira. Par contre, la petite Michèle avait une coupure au front. Elle eut désormais mal à la tête. Cinq mois après elle mourut, et l'on parla de méningite.

Dans son chagrin, ma mère hésita longtemps à avoir un autre enfant. Puis le temps passa, et je fus cet enfant. Il n'est pas innocent d'entendre dès ses premières années des phrases comme « Tu m'as sauvé la vie », « Tu m'as redonné goût à la vie ». Il y a pire comme héritage, évidemment. En même temps, ces déclarations, accompagnant un geste de tendresse, un baiser, interrogent un peu, ou, plus étonnant, n'interrogent pas. Cela va de soi d'être un espèce de sauveur, d'avoir le front marqué d'une étoile. Il n'y avait pas que ma mère. Les photos prises de moi dans les bras de mes frère et sœur, de mon père, de ma grand-mère, au-delà des sourires de circonstance, témoignent d'une ferveur particulière que je ne crois pas inventer. Aimé, oui. Attendu. Consolateur. C'est une chance et un rôle, donnés à l'avance. C'est aussi un devoir. Et puis au fil des ans vinrent rapidement des phrases. Il me semblait normal d'être considéré comme un enfant sensible. Mes problèmes de santé ne firent que renforcer ce postulat. Mon frère et ma sœur n'en prirent pas ombrage, et ils eurent du mérite, car en dépit de la volonté d'équilibre affectif prônée par ma mère, j'imagine qu'il doit être horripilant d'entendre toujours mise en avant cette particularité du petit dernier.

Étais-je vraiment sensible ? Et qu'est-ce que cela veut dire ? Tout le monde est sensible, et c'est pourquoi le Meursault de Camus dans *L'Étranger* est un archétype, et pas un personnage. Mais plus que la réalité de cette différence, ce qui compte pour moi dans mon rapport au monde, c'est la conviction qu'on m'a donnée de cette sensibilité. L'écriture vient aussi de cela. Non pas nécessairement de la singularité de mon regard, mais de la certitude que j'avais un regard différent.

Par ailleurs, mon statut dans la famille contribua probablement à encourager des dispositions naturelles à la paresse et à la rêvasserie. Je n'ai pas amassé un trésor de temps perdu aussi considérable que celui de Proust, mais, durant mon enfance et mon adolescence, de bonnes petites réserves enfouies dans la terre même où j'irais chercher des pépites. On était moins sévère et j'étais donc plus libre, notamment de ne rien faire. En même temps, le « devoir de bonheur » dont je me sentais investi donnait au temps perdu la tonalité nécessaire pour que ce dernier devienne plus tard la source d'une création : celle du remords. Il me faudrait bien un jour ou l'autre rendre tout ce que j'avais reçu, et notamment cette douloureuse et délicieuse conviction de se sentir élu dans la dégustation du jour.

Le remords. Oui, il me semble que c'est la source profonde. J'ai dit combien j'avais été marqué par un mélange de morales chrétienne et laïque, même si c'était parfois pour le plaisir de les transgresser. Dans ce cadre éthique, la notion de faute tient une place essentielle. Je me rappelle les accents de la voix rocailleuse et chantante de mon père quand il nous lisait en préambule à la leçon de morale matinale « La conscience » de Victor Hugo, dont se détachaient trois vers terrifiants : « L'ombre des murs faisait la nuit dans les campagnes » / « Je suis tout seul, dit-il avec un tremblement », et surtout le dernier : « L'œil était dans la tombe et regardait Caïn. » Dans la conscience dévoyée des enfants du baby-boom, l'ampleur dramatique était moins hugolienne, mais je sais ce qu'est une faute.

Il en est une que je ressens profondément comme telle, depuis quarante ans. Elle ne me semble pas directement liée à ce que j'ai pu écrire. Mais même si on se connaît toujours mal, je sais qu'elle joue un rôle fondateur dans ma façon d'être, mon désir de créer, qui est aussi une manière d'échapper à la mésestime que j'ai de moi à cause d'elle.

Serge était mon ami. En seconde, en première, en terminale. Un garçon assez loin de moi a priori, plus déluré d'allure, souvent juché de travers sur son solex, une gauloise narquoise au coin de la bouche. Beau, cheveux bruns abondants, regard vert, succès avec les filles, grand amateur de groupes anglais et de culture anglaise. Très bon en latin – je profitais honteusement de ce talent pendant les compositions. Peu à peu, j'eus le sentiment de le voir glisser vers mon univers, le type de chansons françaises que j'écoutais, le genre de bouquins que je lisais, la façon même de voir la vie. Cela m'étonnait qu'il puisse être séduit alors que je le trouvais beaucoup plus séduisant que moi. Mais au fil de ces trois années, j'eus le sentiment plutôt grisant de me sentir meneur dans cette amitié. À la fin de la terminale, nous commençâmes à moins nous voir. Après le bac, Serge choisit droit, sans conviction manifeste, et moi lettres. Je savais qu'il plongeait peu à peu dans la mélancolie, le mal-être, puis rapidement l'alcoolisme. Trois ou quatre ans plus tard, alors que nous ne nous voyions plus du tout, ses parents trouvèrent mon adresse et vinrent me demander de l'aider, car il était en perdition. Je ne le fis pas. Pourquoi ? Je l'ignore encore. Mais je sais que je suis coupable de cette lâcheté. C'est *ma* faute. Je ne pense pas que cela me soulage en quoi que ce soit d'en avoir parlé ici. Je ne le fais pas pour me soulager. Je pense simplement que c'est le lieu et le moment.

L'art d'accommoder les restes

« Ah ! le salaud ! »

Contrairement à ce qu'on pourrait croire, cette exclamation n'a rien à voir avec le chapitre précédent. Cette phrase a été prononcée par Guillaume Pellerin, propriétaire du château de Vauville, le jour où pour la première fois j'ai participé à une émission de Bernard Pivot. C'était en mai 97, et *La Première Gorgée de bière* commençait à faire parler d'elle. Tout de suite un bouche-à-oreille, la conviction des représentants, puis des libraires, une première étape médiatique importante début avril – le livre était sorti en février – avec deux pages de Martine Laval dans *Télérama*, mais l'annonce d'un passage dans *Bouillon de culture* était évidemment capitale. Bernard Pivot. La référence absolue dans la transmission de la littérature au grand public. Depuis des années, mon père me répétait : « Je me demande pourquoi tu n'es pas encore passé chez Pivot ! » Quand on m'y a invité, malheureusement, son Alzheimer était trop avancé pour qu'il puisse réaliser. Mes parents séjournaient chez nous en Normandie cette semaine-là. Mon frère était venu leur tenir compagnie pour la soirée. Martine, Vincent et moi étions partis pour Paris après une journée de cours comme les autres. J'étais tellement stressé que j'avais le dos bloqué et, une fois la voiture garée sur les Champs-Élysées, j'avais eu du mal à m'en extraire. Deux bonnes heures d'avance. Cette sensation étrange d'arpenter les Champs un vendredi soir en me disant que ma vie allait changer – oui, cela, je le sentais. Et puis l'avenue Montaigne, la salle de maquillage, Pivot, que je n'avais pas vu, installé dans le fauteuil à côté du mien, et qui m'annonçait que je serais le fil rouge de l'émission, consacrée aux petits plaisirs, et qu'il reviendrait vers moi à propos de chacun des autres livres – incroyable. Juste avant le grand moment – un vrai direct – on réunit dans une petite pièce les invités du soir. Il y avait notamment Marie Rouanet. Guillaume Pellerin venait parler d'un album sur les outils de jardin. Chacun se présente. En me serrant la main, Guillaume Pellerin a cette phrase étrange : « Ah ! le salaud ! »

Le plus beau compliment que j'aie reçu à propos de ce livre. « Ah, le salaud ! » Il y a certes plusieurs manières de traduire cette exclamation. La plus fate consisterait à penser qu'elle signifiait : « Quel bouquin ! » La plus modeste lui ferait dire : « Ah ! le salaud, il a fait le bouquin que j'aurais voulu faire moi-même. » Mais la plus vraisemblable – surtout au vu de la gentillesse manifestée à chacun par Guillaume Pellerin tout au long de ce 250e *Bouillon de culture* – serait davantage à traduire par : « Ah ! le salaud, il a fait le bouquin qu'on aurait tous voulu écrire. » Auteur d'albums consacrés à sa passion des jardins, Guillaume Pellerin ne se considère pas, me semble-t-il, comme un écrivain. J'en profite pour lui faire penser : « *La Première Gorgée de bière*, c'est le livre qu'auraient voulu écrire tous les gens qui ne sont pas écrivains. » Dépositaires d'un univers à portée de main dont ils n'auraient pas cru qu'il puisse être le sujet d'un livre. C'est sans doute l'une des raisons majeures du succès de ce recueil qui devait changer ma vie, la vie de tous les livres écrits avant, de tous ceux que j'ai écrits après. Pourtant, *La Première Gorgée* paraissait à « L'Arpenteur », une collection très discrète de Gallimard, avec un tirage à deux mille exemplaires, pas un centime d'à-valoir. Avant d'accéder au malentendu qu'est toujours dans ces cas-là le grand succès commercial, il reçut la bénédiction de quelques critiques du sérail. Après, évidemment, cela se gâta un peu. Mais « Ah ! le salaud ! » reste la plus belle critique, parce qu'elle salue la reconnaissance de tout ce passage du « je » au « on » qui fut le sens d'une quête solitaire souvent mélancolique et découragée.

Une quête vraiment littéraire, je crois, j'essaierai de dire comment. Mais une quête littéraire écrasée par son sujet : la vie. Les vrais articles sont venus tard, et la plupart étaient des analyses sur le succès du livre, non sur le livre lui-même. On a beaucoup parlé du sujet de ces textes, non de leur écriture. Arrivé à soixante ans, je vois en me retournant quelle a été la gestation de ce recueil, et bien sûr mon regard est assez différent de celui que les critiques qui ne me connaissaient pas avant – c'est-à-dire la plupart d'entre eux, excepté Jérôme Garcin, Jean Chalon, Michèle Gazier, Jean-Louis Ézine – ont porté sur ce très léger opus de quatre-vingt-douze pages.

De nombreux articles ont été consacrés à ce « phénomène », se félicitant au passage qu'une aventure éditoriale de ce genre puisse se passer en France. Mais bien vite sont venues des analyses peu charitables, stigmatisant l'assoupissement d'une fin de siècle où l'on écrivait sur des petites choses parce que l'on avait renoncé aux grandes. Bruno Frappat en fit un éditorial à la une de *La Croix*, parlant d'une littérature de nains de jardin. Ce journal eut l'élégance de publier dans les jours qui suivirent des réactions nombreuses de lecteurs qui n'allaient pas dans le même sens. Un des articles les plus virulents dans ce registre fut celui de Jacques-Pierre Amette, directeur des pages littéraires du *Point*, critique et écrivain. Je me souviens de ces lignes dans lesquelles il soulignait la pauvreté de la littérature française de l'extrême fin de siècle, où l'on en était réduit à lire « les rédactions de Jean Rouaud et l'art d'accommoder les restes de Philippe Delerm ». Malgré la férocité du propos, j'étais content d'être associé à Jean Rouaud, dont j'aime beaucoup l'écriture et la sensibilité. Des rédactions ? Soit, mais alors des rédactions identifiables au premier coup d'œil. Le rythme de la phrase de Jean Rouaud, si bien adapté à son humour mélancolique.

En ce qui me concerne, mon talent se résumait donc à l'art d'accommoder les restes. Un livre humoristique de définitions du bonheur dit : « Le bonheur, c'est de retrouver dans le réfrigérateur un morceau du foie gras de la veille. » Plus sérieusement, je ne suis pas contre les restes. Les restes, cela peut être aussi tout ce dont personne n'a encore parlé, parce qu'on le trouvait insignifiant, pas présentable. Les restes, et puis le reste. S'il faut aller dans l'infinitésimal pour trouver des sujets neufs ; si de plus ces sujets neufs ont l'avantage de rencontrer un écho parce qu'ils ont été partagés sans le savoir, pourquoi pas ? Mais l'essentiel est évidemment dans « l'art d'accommoder ». Je ne doute pas que M. Amette ait voulu être ironique en employant cette expression. Mais il a tort. Il peut y avoir un art d'accommoder les restes. Surtout les restes.

Je ne guérirai plus de Proust

Impossible d'écrire si l'on n'est pas lecteur. J'ai déjà insisté sur cette presque lapalissade. Mais impossible parfois aussi d'écrire parce que l'on est lecteur. C'est le sentiment que m'a donné pendant plusieurs années la plongée dans l'univers de Marcel Proust. Cela a correspondu à mes quatre années d'études universitaires. Quand on m'a demandé pourquoi je n'avais pas écrit plus tôt, j'ai souvent argué de l'aspect desséchant des études littéraires, la dissection des textes, la lecture souvent rébarbative des ouvrages critiques. Mais je me rends compte aujourd'hui que la vraie raison, c'était Proust. Quel bonheur ! Dans la *Recherche*, l'auteur parle à plusieurs reprises des différentes lunettes que nous proposent les artistes pour regarder le monde. Avant de chausser les lunettes de Proust, je ne savais pas que je voyais bêtement clair. Comme tout d'un coup le monde est devenu délicieusement trouble, infiniment plus riche et nuancé ! Et le plus extraordinaire, quand on devient binoclard proustien, c'est le sentiment que cette richesse vient de soi, et non de lui !

Non, l'aiguille de Proust n'est pas comme les autres. On oublie que c'est elle qui nous pénètre. Elle est d'une telle finesse qu'elle ouvre aussitôt un système d'appartenance. Bien sûr, on n'a jamais possédé une lanterne magique aussi vétuste que celle utilisée pour calmer le narrateur, mais le commentaire décalé de sa grand-tante par rapport à l'aventure, le tremblement même de la main qui donne à l'horrible Golo une allure saccadée par les cahots de son manque d'intégrité morale, tout cela c'est à soi, tellement à soi qu'on n'est pas un autre mais le personnage – celui qui a à la fois sept ans et quarante. C'est beaucoup plus magique que la lanterne, même quand ses images s'échappent pour épouser les bombements des plis des rideaux. Le monde est plus grand, et l'on sait d'avance que la relecture l'ouvrira encore davantage. On a le sentiment qu'il est inutile de lire autre chose. Dans la *Recherche*, il y a à la fois toutes les analyses psychologiques – les plus rafraîchissantes, celles qui reposent sur la séduction du paradoxe – et toute la poésie.

Pendant quatre ans, j'ai senti qu'il fallait être lecteur, seulement lecteur. J'en suis sorti avec l'envie d'écrire, et ma première tentative, intitulée *La Mémoire de l'oubli*, est tellement une lecture adaptée, une sorte de pastiche de la *Recherche* que pour rien au monde je ne voudrais la voir aujourd'hui publiée. J'y emploie même jusqu'au « nous » proustien, celui qui prélude aux théorèmes psychologiques. Or ce « nous » est la seule chose qui ne passe plus chez Proust. C'est un peu comme la voix enregistrée de Gérard Philipe dans *Le Cid* ou *Le Prince de Hombourg*. On a beau sentir combien cette voix a dû être séduisante, quelque chose a changé ; le ton qui était juste est devenu emphatique. Le charisme de Gérard Philipe n'est pas discutable, mais si le regard, l'allure n'ont pas pris une ride, la modulation de la syntaxe s'est détachée. Ainsi du « nous » employé par Proust. Tout est resté vrai dans son « je », mais son « nous », même s'il ne s'agit que d'une proposition, a pris des connotations dogmatiques, qui vont à l'encontre de la modernité pourtant bien réelle de la *Recherche*. Par quel miracle, quel scrupule stylistique prémonitoire a-t-il utilisé une formule étrange pour sceller le passage à mes yeux le plus émouvant du livre, la description du malaise de la grand-mère du narrateur, avenue Gabriel, juste avant sa mort ? Évoquant le terrible enfermement égocentriste des êtres humains sous les traits du professeur E., médecin davantage préoccupé de son problème de boutonnière et de décoration que de la vie de la vieille dame qu'il affirme condamnée, l'auteur écrit : « Chaque personne est bien seule. » Étonnant comme ce « chaque personne », pourtant justifié par l'idée d'isolement absolu, sonne presque maladroitement dans la musique de la *Recherche*, où tout mènerait à dire : « Nous sommes toujours seuls. » Un peu comme si Proust se défiait de son « nous » pour ce passage capital. Et c'est extraordinairement moderne ainsi : chaque personne est bien seule.

Vous réduire à l'état de lecteur comblé et vous donner finalement envie d'écrire. Sans le formuler ainsi, Proust a prêté à son personnage de Bergotte ce pouvoir qu'il a eu sur moi. Il m'a donné à la fois toutes les interdictions et toutes les permissions. Toutes les interdictions : à quoi bon écrire après lui ? Rien ne sera plus drôle que la fictive hilarité de Mme Verdurin ou la niaiserie sournoise du docteur Cottard. Rien ne sera plus poétique que la métaphore confiturière de la chambre de la tante Léonie, plus triste que la mort de la grand-mère. Mais toutes les permissions. Car à chaque paragraphe vous traverse une idée : tiens, on a le droit d'écrire ça dans un livre ? « Longtemps, je me suis couché de bonne heure. » On a fait toutes les plaisanteries, des plus fines aux plus lourdement scabreuses, sur cette première phrase. Elle est d'une audace invraisemblable. Commencer la cathédrale de la littérature par une réflexion aussi triviale, aussi platement exprimée. Et tout est là déjà dans ces mots simples. Vous ne pensiez pas que la peur et le désir mêlés de trouver le sommeil soient sujet ? Eh bien, voilà. C'est un sujet immense parce que le narrateur à sept ans et le narrateur à quarante s'y retrouvent, s'y noient, dérivent infiniment de l'un à l'autre, comme on peut le faire seulement dans les petits sujets. « Longtemps, je me suis couché de bonne heure… la pensée qu'il était temps de chercher le sommeil m'éveillait… » C'est juste une pierre. Mais dans cette pierre il y a la structure entière de la cathédrale, comme dans un atome de neige toute la neige.

Pendant longtemps, bien sûr, Proust fut pour moi lettre morte. Il y avait les livres qui me faisaient vivre vraiment, les livres où je devenais tout, action, paysages, personnages, sans plus de contingence, sans effort. Et puis, il y avait les livres « qui n'étaient pas encore pour moi ». Rangés dans le cosy-corner, ils prenaient la forme d'une collection cartonnée bordeaux, avec des lettres dorées sur la tranche. La contiguïté des titres en faisait une terre étrangère, âpre, sauvage, déconcertante. *Sarn*, *Arènes sanglantes*, *La Rôtisserie de la reine Pédauque*, *Un amour de Swann*. J'ouvrais de temps à autre l'un de ces volumes. À l'intérieur, le papier était jaune, d'une consistance à la fois grenue et fragile. Je lisais des phrases sans essayer de m'approcher vraiment. Certains passages me semblaient d'une sensualité brûlante, qui me troublait d'autant plus que leur contexte demeurait abscons, et l'objet d'un désir indéchiffrable. Voilà les pépites douloureuses que je trouvais dans *Sarn*, ou dans *La Rôtisserie de la reine Pédauque*. Mais *Un amour de Swann* me semblait désespérément fade. Des mots que je connaissais pour la plupart, mais qui ensemble ne voulaient rien dire. Des personnages à peine étreints dans l'abstraction d'un discours incompréhensible. Un livre « qui n'était pas encore pour moi ». Comment imaginer qu'il puisse le devenir ? C'est cet « encore » qui faisait problème. Ainsi, un jour, un bonheur de lecture pourrait venir d'un livre cartonné bordeaux aux pages jaunes dont l'auteur avait un nom suranné, doré sur tranche. Je reposais le volume dans le cosy-corner, sceptique, et retrouvais avec délice *Le Champion* de Paul Berna, et les illustrations de Pierre Le Guen.

Swann. Les années passent. Le nom de Swann garde cette terne fluidité qui ne semble mener à rien. Et puis ça vous revient, mais cela semble un autre monde. Plus de couverture bordeaux, plus de lettres d'or. C'est « Le Livre de poche ». Des photos sépia, sur fond de cahier manuscrit. Le titre même est différent. *Du côté de chez Swann*. Oh ! Ce n'est pas d'emblée une révélation. Il y a d'abord comme une espèce de maraude incertaine, et je reste en lisière. Ces pages sur le sommeil me parlent, mais de façon discontinue. La grande différence, c'est que ce qui ne m'intéresse pas encore vient de mon insuffisance, et que je me sens juste un peu noyé, presque à la surface – j'affleure. Peu à peu, cela vient. Quoi de moins attrayant, a priori, que cette chambre confinée où la tante Léonie poursuit ses investigations minuscules sur la vie du village, entre deux tisanes et deux soupirs ? Mais c'est ça, le miracle, et tout d'un coup je suis à même de le partager. C'est du plus morne enfermement que naît le désir de jardin, le pouvoir de jardin. Ce n'est pas une chambre, mais toutes les chambres de province « qui nous enchantent des mille odeurs qu'y dégagent les vertus, la sagesse, les habitudes, toute une vie secrète, invisible, surabondante et morale que l'atmosphère y tient en suspens ; odeurs naturelles, certes, mais déjà casanières, humaines et renfermées, gelée exquise, industrieuse et limpide de tous les fruits de l'année qui ont quitté le verger pour l'armoire... ».

Ah ! oui, je mange avec bonheur cette gelée transparente où tous les fruits ont glissé leur essence. C'est un peu triste, car c'en est bien fini de *L'Île au trésor*. Mais je sais que la chambre de la tante Léonie va m'emmener naviguer à l'infini, moi qui ne crois plus aux galions des pirates. Oui, l'Océan, c'est la mémoire, et chaque sensation peut devenir tout un pays. Je ne guérirai plus de Proust. Lire, écrire, ce sera retrouver des chambres au fond de soi, faire semblant de s'enfermer pour découper des fenêtres, désirer la fraîcheur des cerises, des aubépines, des lilas. Les vieilles dames malades secrètent la gelée de littérature, la vraie vie.

Les leçons de Léautaud et Renard

Proust est pour moi l'écrivain liminaire, celui qui m'a décidé. Je lui dois tout, de justesse, puisqu'il a aussi failli tout m'interdire. Mais j'ai sur mon chemin deux écrivains que j'appellerais des « écrivains du parcours », des écrivains qui continuent d'intervenir, auxquels je demande des leçons : Paul Léautaud et Jules Renard.

Je ne suis pas de ceux qui ont trouvé d'emblée une musique définitive. Je ne suis pas Modiano. Beaucoup de gens me diront ou m'ont dit qu'on trouve déjà dans mes premiers livres tout mon univers, ma façon de voir les choses. Mais à pratiquer une écriture quotidienne depuis près de quarante ans, je sais aussi ce qui m'influence et change un peu. Je ne prétends pas faire sans cesse des progrès. Au contraire, je pense que je me rendrai sans doute compte après coup qu'il y a eu un moment meilleur que les autres, un rapport sucré-salé dans la recette qui convenait tout juste aux ingrédients choisis – choisis ? J'aime bien cette idée de continuer à changer un peu. Elle m'emmène quelque part, et me rajeunit. En écrivant, de la main droite et de façon presque illisible – je suis un gaucher contrarié par une institutrice qui était ma mère, un régal pour les psychanalystes –, je fais souvent avec la main gauche le geste de me passer les doigts contre le pouce, comme si je cherchais une substance, une matérialité. Ce n'est pas de l'autosatisfaction, même si je suis bien pourvu dans ce domaine. C'est la recherche de quelque chose que j'ai sous les doigts, mais seulement presque, que je voudrais toucher, qui s'approche et souvent se délite et s'en va.

C'est pour ce geste que je continue à rester un élève. Je prends des cours chez Léautaud et chez Renard. Pourquoi ? Ces deux-là sont des écrivains que j'aime. Mais pas seulement. J'aime aussi Dickens et Jacques Réda, et ne leur demande pas de leçons. Il y a d'abord, chez Léautaud et chez Renard, une sévérité virtuelle à mon égard. Je suis sûr qu'ils n'auraient pas aimé ce que je fais. Je n'écris pas pour leur plaire – ce serait peut-être un peu tard –, mais dans les vitupérations de Léautaud, l'extrême concision de Renard, j'en prends souvent pour mon grade. Je n'approuve pas toujours Léautaud quand il critique les « flaubertistes », les écrivains au style artiste, travaillé. L'auteur du *Journal littéraire* ne concevait pour sa part l'écriture que dans un élan de plaisir, de premier jet, avec le sentiment que sa plume n'allait pas assez vite. Le résultat est plus que probant : plongeant quotidiennement quelques minutes dans son *Journal*, j'ai toujours l'impression d'y vivre une autre vie, d'y retrouver le ton de la conversation, critère pour lui de ce que doit être un texte – il détestait le mot « littérature ». Ses entretiens radiophoniques avec Robert Mallet confirment tout l'intérêt d'écrire comme on parle quand on parle comme Léautaud – c'est-à-dire comme presque personne n'écrit. Mais revenir cinq fois sur une phrase, si c'est pour obtenir *Madame Bovary*, cela vaut peut-être la peine aussi.

Chez Jules Renard, le goût de la pointe sèche, du coup de crayon acéré est plus artiste, mais l'obsession du dépouillement comparable, même dans la fulgurance des images. Renard et Léautaud écrivaient dans une époque à boursouflure, celle des Anatole France et des Barrès, ce qui explique en partie leurs goûts et leurs dégoûts stylistiques. Tous deux ne laissaient filtrer l'émotion que sous l'ironie. Stendhaliens donc, s'il faut opposer les stendhaliens aux flaubertistes. Mais si l'on regarde d'un peu près le premier chapitre de *Madame Bovary*, juste après la fameuse description de la casquette de Charles – un morceau qui faisait probablement hurler d'horreur Léautaud et, sans doute quoique moins certainement, Renard –, on trouve une phrase qui pourrait figurer dans *La Chartreuse de Parme* ou *Le Rouge et le Noir* : « Débarrassez-vous donc de votre casque, dit le professeur, qui était un homme d'esprit. »

Écrire vite, écrire lentement. Il y a là peut-être moins deux écoles que deux tempéraments. On peut aimer à la fois Flaubert et Stendhal. J'avoue être dans ce cas, de même que je ne crois pas à la supériorité du salé sur le sucré, ni l'inverse. En général, les enfants et les vieillards aiment le sucré, les adultes beaucoup moins. Disposition purement physique, très modulable suivant les individus. Mais ce sont les adultes qui établissent des diktats en matière de goût. Le traitement politique du chocolat est intéressant à ce niveau. Il est le péché concédé, la bonne conscience sucrée, à condition toutefois d'une préférable noirceur. En conséquence avec l'esprit d'enfance, je reste attiré par le sucré, tout en étant sensible aux privilèges de l'amertume et du salé. J'aime tout. Chance ? Peut-être pas nécessairement sur le plan de l'équilibre physiologique – tendance à l'excès de triglycérides et à l'hypertension – et, en tout cas, combat à mener au niveau stylistique.

À l'inverse de Renard et Léautaud, je vis dans une époque où le politiquement correct du style (et de la beauté) est la sveltesse. On a parlé d'« écriture blanche » pour désigner un courant littéraire à la mode, qui ne manque pas d'attraits. Dans la critique, on voit souvent des avis du genre « Aucun effet de style, voilà le secret de ce style ». Sujet, verbe, complément, telle est la ligne de conduite à suivre. Et là, je rue dans les brancards. D'accord pour la chasse à l'adverbe, dont j'abuse parfois, surtout pour les « un peu », « à peine », « presque ». Concernant l'adjectif, j'ai davantage envie d'ouvrir le débat. Mille fois d'accord pour éradiquer la joliesse du clinquant, l'épithète homérique du cliché. Mais renoncer à l'adjectif original, ce serait renier Proust dans ce qu'il a de plus modernement poétique. Si le couvre-lit de la tante Léonie (décidément, quelle prédilection pour cette antihéroïne !) a une odeur « poisseuse et fruitée », il fait resurgir aussitôt dans le regard et le toucher tous ces couvre-lits étouffants où nous cachons des sensations connues et oubliées. « Poisseuse et fruitée », c'est le contraire d'un stéréotype. Comme la langue de Voltaire, l'adjectif est la meilleure et la pire des choses. Je revendique l'envie d'en user, et avoue une tendance à trop en user. C'est là que Renard et Léautaud sont mes garde-fous, dans leur jansénisme. Les lire quotidiennement me pousse à la sobriété. Je ne suis plus obsédé par la musique, comme au temps où j'écrivais *La Cinquième Saison*. Je cherche plus longtemps l'adjectif juste et moins celui qui cadencera la phrase. Encore faut-il savoir jusqu'où ne pas trop forcer sa nature. En relisant mes trois premiers recueils de textes courts, *La Première Gorgée de bière*, *La Sieste assassinée* et *Enregistrements pirates*, j'ai une préférence pour l'écriture du deuxième, où je me retrouve, mais avec une discipline, une rigueur supérieures à *La Première Gorgée*, plus inégale en ce sens, mais aussi plus sensuelle, plus près de l'accord avec les choses de la terre. *Enregistrements pirates*, le plus maîtrisé des trois, bien sec et souvent distancié, est trop à l'os, trop dépouillé pour être tout à fait moi.

Alors, consommation poursuivie de Proust, de Léautaud et de Renard, pour le plaisir d'abord, mais aussi pour l'écriture, avec sous cet angle le désir antinomique de prendre leurs leçons, mais aussi de les tenir à distance quand leurs préceptes ont tendance à trop m'influencer.

Pendant une dizaine d'années, j'ai publié aux Éditions du Rocher tous mes premiers livres, sans que jamais on me demande d'y changer une virgule. Puis un jour, Jean-Paul Bertrand, mon éditeur, a pensé que ce serait bien de faire retravailler les auteurs. Ainsi me suis-je vu proposer de revoir avec une jeune attachée littéraire le manuscrit de mon roman *Les Amoureux de l'Hôtel de Ville.* Mes insuccès commerciaux de l'époque ne me mettaient guère en position de manifester trop de coquetterie réticente, et puis c'était pour la bonne cause. À chaque proposition de changement de mon aide-bourreau, je me disais qu'elle avait raison, raison de remettre en cause cette image, de vouloir supprimer cet adverbe, cet adjectif. Raison à chaque fois, et cependant... En reprenant l'ensemble de mon livre publié, je lui trouvai certes une silhouette allègre, mais l'idée me traversa bientôt que toutes ces petites raisons contiguës avaient débouché sur un grand tort : ce n'était plus moi. Un certain nombre de changements structurels dans un roman peuvent advenir à bon escient sous l'œil d'un regard extérieur. Mais quand il s'agit du style... Certaines caractéristiques discutables font partie intégrante de la personnalité d'un auteur, de la singularité de son écriture. Parvenir à se censurer tout en restant complètement soi-même, je crois que cela doit venir de soi. Après le succès de *La Première Gorgée*, tous mes premiers livres furent republiés, puis passèrent en poche. *Les Amoureux de l'Hôtel de Ville* obtint un score de ventes flatteur. Mais alors que mes lecteurs aiment témoigner de leur prédilection pour un titre moins connu que les autres, je n'en ai jamais entendu un seul évoquer ce roman.

Se juger soi-même. Pas si facile, surtout quand on a une écriture en évolution. Évolution minime, et j'espère qu'on peut reconnaître ma touche dans tous mes livres (y compris *Les Amoureux*) même si elle se transforme un peu. Je n'emploie pas ce mot de « touche » par hasard, j'aime bien me considérer comme un peintre raté. Par ailleurs, il me semble qu'écrire plus sec, avoir sur les choses et les gens un regard plus caustique, plus ironique, est une évolution normale qui va de pair avec le sens de la vie. Je trouve que c'est poli d'être plus drôle quand on est moins heureux. Mais il ne faut pas oublier les illuminations païennes de François d'Assise. En relisant *Enregistrements pirates*, j'avais envie de dire à Léautaud et à Renard : « Ne m'influencez pas trop ! » C'est beaucoup dans cet esprit que j'ai eu envie d'écrire *Le Trottoir au soleil*, mon plus récent recueil. Peindre au plus juste, oui. Mais ne pas oublier que l'ombre doit tout au soleil.

Bibliothèque idéale

Fin du XIXe, première moitié du XXe : voilà les dates de mes trois principaux modèles. C'est mon époque mentale. J'y retrouve aussi mes peintres préférés, Vuillard, Bonnard, Vallotton, Hammershoi. De même pour les compositeurs, Debussy, Ravel, Fauré. En littérature, j'ai mis très longtemps à aimer les classiques. Ayant entendu il y a une trentaine d'années Michel Tournier dire un jour à la radio que son vers préféré était le premier du « Coche et la mouche » : « Dans un chemin, montant sablonneux, malaisé », j'avais trouvé cela ahurissant. Je ne m'attendais guère au plaisir que je trouverais à lire aujourd'hui La Fontaine, un plaisir presque physique à boire cette langue concise et pure, idéale pour l'ironie. Ainsi dans « La jeune veuve », les lamentations de l'éplorée : « Attends-moi, je te suis, et mon âme aussi bien que la tienne est prête à s'envoler », suivies du lapidaire « Le mari fait seul le voyage ». Mais je ne sais pas si je ne préfère pas dans *Les Caractères* cette même association, cette fois chez La Bruyère, d'une ampleur traduisant l'hypocrisie soufflée du comportement avec un constat au bistouri. C'est à propos d'Onuphre et de ses goûts affichés : « Il y a quelques livres répandus dans sa chambre, indifféremment. Ouvrez-les : c'est *Le Combat spirituel*, *Le Chrétien intérieur*, *L'Année sainte* ; d'autres livres sont sous la clef. » « D'autres livres sont sous la clef » ! Mais « indifféremment » n'est pas mal non plus. Comme quoi les adverbes, parfois...

En dehors des trois piliers, de mon admiration indéfectible pour René-Guy Cadou, autre enfant d'école, dont sa femme Hélène m'a promis l'amitié, au-delà de la mort, la plupart de mes lectures sont contemporaines, et je leur dois beaucoup, sans savoir exactement quoi. Je mets très haut dans mon panthéon, c'est-à-dire beaucoup plus bas dans ma bibliothèque, à portée de main, les recueils de textes de François de Cornière, *Boulevard de l'Océan*, *En principe*, ceux d'Éric Holder, *La Belle Jardinière*, *En compagnie des femmes*, et encore ceux de Jacques Réda, *L'Herbe des talus*, *Aller aux mirabelles*. Dans l'œuvre de Marie Rouanet, j'ai une prédilection pour *Dans la douce chair des villes*, dans celle de Le Clézio pour *L'Inconnu sur la terre*, dans celle de Christian Bobin pour *Une petite robe de fête*, et chez Alain de Botton pour *Le Plaisir de souffrir*. Si vous ne les connaissez pas encore, cherchez de Jean Libis *La Musique et l'hiver* et *La Bibliothèque*, et de Jean-Philippe Arrou-Vignod *Le Discours des absents*.

Et puis j'ai une admiration sans bornes pour Charles Dickens, auteur méconnu dont on croit tout connaître en prononçant le nom. En France, on en a presque fait un auteur pour enfants, sous prétexte que certains de ses héros sont des enfants – condescendance classique. L'humour de Dickens est un régal, même dans ses écrits les plus tragiques ou les plus sociaux. Et puis encore j'aime infiniment la légèreté apparente de Robert Walser, et celle de Knut Hamsun le Norvégien, injustement réduit à ses remembrances de vieillard idiot, alors qu'il a écrit ce livre extraordinaire qui s'appelle *La Faim*, et surtout le cycle en trois volumes où il fait évoluer son vagabond Pedersen. *Un vagabond joue en sourdine* commence ainsi : « Il y aura sûrement beaucoup de baies sauvages cette année. Des airelles, des raisins de corneille, des mûrons. Non que l'on puisse vivre de baies. Mais leur présence dans les champs est un vrai plaisir, et l'on est heureux de les regarder. Bien des fois, aussi, c'est un rafraîchissement de les trouver quand on a soif et faim. Voilà ce que je pensais hier soir. » Pour Knut Hamsun, je sais un peu plus ce que je lui dois. Son Pedersen marche dans les forêts, se loue dans les fermes. Quand il en quitte une, on se rend compte un mois après son départ qu'il était amoureux de la maîtresse de maison, mais il ne s'est rien passé et on ne s'en doutait pas. On peut faire des romans où il ne se passe rien, où on ne se doute de rien. Ça, ça me plaît, et ça m'a marqué.

Un autre écrivain m'a accompagné bien plus longtemps dans ses romans où il ne se passe pas grand-chose. Le premier, lu à dix ans, *Le pays où l'on n'arrive jamais*, était quand même un vrai récit d'aventures. Il est resté tellement lié au nom d'André Dhôtel qu'on pourrait presque dire que ce dernier est devenu un pays où l'on n'arrive jamais, ce qui est quand même plus chic que de devenir une première gorgée de bière. Mais heureusement, Dhôtel a écrit tant et tant d'autres livres au ton étrange, d'une étrangeté si simple d'apparence, avec de doux personnages révolutionnaires, en équilibre sur la marge de la société, qui s'enfoncent à bicyclette dans les forêts des Ardennes. Et puis il y a ses *Chroniques fabuleuses*, sa fascination pour l'épine-vinette et les champignons. Léautaud disait de lui-même qu'il était un écrivain pour gens de lettres. André Dhôtel n'est pas seulement un « écrivain pour gens de lettres », mais il a été une rencontre décisive pour beaucoup d'écrivains de ma génération. Rien de spectaculaire dans son monde ni dans son écriture. Mais un ton, un univers, un regard singuliers, une distance infime avec le réel, un décalage qui donne envie de s'approcher.

Dhôtel m'a encouragé dans un de mes vices préférés. Il se plaisait à dire qu'il aimait voyager non pour aller dans les musées, les endroits à visiter, mais pour flâner par les rues et les places, s'arrêter aux terrasses des cafés, s'imprégner des atmosphères, demeurer un badaud émerveillé. Je n'ai pas besoin de forcer ma nature pour vivre le voyage ainsi, mais la référence dhôtélienne m'a permis de me justifier. Comment, si amoureux de Bruges, vous n'êtes pas allé voir les Memling ! À Amsterdam pas les Van Gogh ! J'ai avec la peinture un lien très fort. Et je déteste les musées.

Écrire des tableaux

Chaque fois que j'ai tenté d'écrire ce qu'on peut appeler un roman, je suis parti d'un tableau, ou de l'univers d'un peintre, ou de la vie d'un peintre, ou de celle d'une confrérie de peintres. Le premier du genre, écrit en 1985, a été *Le Buveur de temps*, roman poétique dont le personnage sort d'un tableau de Jean-Michel Folon. Pendant trois ans, à la fin des années 80, j'ai plongé dans les destins des peintres préraphaélites pour écrire *Autumn*, centré autour de la personnalité de Dante Gabriel Rossetti et de celles de ses compagnons, Hunt, Millais, et de son modèle Elizabeth Siddal. Vers 95, *Sundborn ou les Jours de lumière* est né de la rencontre entre le peintre suédois Carl Larsson et le peintre danois Peder Severin Kroyer. Au début des années 2000, j'ai publié *Intérieur*, une évocation de l'univers du peintre danois Hammershoi. Enfin, vers 2005, j'ai consacré un roman, *La Bulle de Tiepolo*, aux secrets recelés par deux tableaux, l'un sans valeur marchande trouvé dans une brocante, et l'autre, une fresque de Giandomenico Tiepolo, plusieurs fois déclinée, notamment à la Casa Rezzonico de Venise. Le rythme de ces publications n'avait rien de délibéré, mais a posteriori je constate leur régularité : tous les cinq ans un projet *autour* de la peinture, ou *dans* la peinture.

Autour de la peinture, Rossetti et ses amis préraphaélites sont loin d'être mes peintres préférés. Beaucoup de gens pensent aujourd'hui, moi le premier, que certains de leurs tableaux sont presque affreux, leurs paysages notamment, avec une tendance à un mysticisme violine, verdâtre ou diaphane peu digeste. Par contre, je reste sensible à un type de beauté féminine d'une rousseur à la fois sensuelle et languide qui prit sous leurs pinceaux les traits de l'ex-jeune modiste Elizabeth Siddal – elle posa pour l'*Ophélie* de Millais et la *Beata Beatrix* de Rossetti – ou ceux de l'épouse de Millais, grands yeux verts, menton un peu carré, chevelure incroyablement longue, profonde, torturée, d'un brun roux insondable. C'est cette dernière surtout qui devint la quintessence d'un fantasme basculant du romantisme à la décadence, et nourrissant à la fois les rêves de Klimt et ceux du symbolisme. Tous les destins qui tournent autour de ces représentations sublimées sont d'une force romanesque qui rend l'imaginaire dérisoire. Cela m'arrangeait bien, moi qui n'en ai aucune. Pendant trois ans, j'ai essayé de tirer dans ma couleur cet univers qui, à l'instar d'Apollinaire, avait l'automne pour saison mentale. Il va peut-être sans dire qu'*Autumn* est un de mes livres que je revendique le moins sur le plan du style – certains passages sont, je le crains, à la limite du préraphaélisme. En même temps, il doit bien y avoir une partie importante de moi dans tout cela. J'y ai vécu trois ans, en suis sorti plutôt exsangue, d'autant qu'aux Éditions du Rocher on croyait au succès de ce livre dont le score resta modeste.

C'est une aventure à la fois très similaire et très différente dans laquelle je me suis lancé avec *Sundborn ou les Jours de lumière*. Depuis très longtemps je fréquentais le peintre suédois Carl Larsson dont les albums *Notre famille*, *Notre maison*, étaient des classiques de notre… bibliothèque. J'aimais la facture de ses aquarelles, mais aussi l'esprit qui consistait à peindre ce qu'on a autour de soi, les gens qu'on aime, la façon dont les enfants sont souvent au centre des activités. Le succès de Carl Larsson en France permit bientôt la publication d'un ouvrage plus important, *Le Grand Livre de Carl Larsson*, avec un texte abondant, et notamment de longs passages traduits de son autobiographie. J'ai appris que, meilleur ami d'August Strindberg, Larsson avait vu ce dernier tourner casaque. Comme beaucoup de Suédois, Larsson était venu peindre en France, ainsi que sa future femme Karin, également peintre de talent, d'abord à Paris, puis à Grez-sur-Loing. Strindberg, le temps d'un article, rejoignit son ami Carl, sans savoir que ce voyage serait pour lui le début d'un long séjour en France qui lui permettrait d'écrire un ouvrage sur les paysans français. À Grez, Strindberg et son épouse connurent des dissensions dont on peut dire par euphémisme qu'elles furent de nature à changer le regard du dramaturge suédois sur la vie de couple, et à inaugurer cette vision noire et désespérée qu'il porterait dorénavant sur la condition humaine.

Strindberg et Larsson étaient rentrés en Suède depuis longtemps quand le premier livra à la presse un article d'une violence inouïe, dans lequel il n'hésitait pas à dire que l'harmonie de la famille Larsson relevait de la pose, que Larsson était en fait un machiste pervers, qui avait contraint son épouse Karin à cesser de pratiquer toute activité artistique. Car Larsson était devenu très connu en Suède, et un peu de jalousie n'est certainement pas à exclure de la virulence de Strindberg. Mais plus fondamentalement, il s'en prenait à l'image revendiquée du bonheur. Karin et Carl avaient connu pourtant bien des chagrins, dont la perte d'un fils, mais le désir de continuer à regarder « du côté du soleil » – titre d'un album d'aquarelles et de textes de Larsson réalisé à la fin de sa vie – est symptomatique de son être au monde. J'ai toujours considéré Carl Larsson comme une espèce de frère spirituel, vivant cent ans auparavant. De plus, il vivait sa création dans une contradiction constante. Il voulut être célèbre pour de grands projets, des fresques dont certaines ont été effectivement réalisées dans des bâtiments officiels suédois. Mais c'est le minimalisme de sujets tirés de sa vie la plus simple qui lui a apporté la pérennité. Disons que cette thématique me parlait. Peu voyageurs, Martine et moi sommes allés en 85 à Sundborn, en Suède, pour visiter la maison des Larsson et nous imprégner de leur univers.

Du Danois Soren Kroyer, je ne savais rien jusqu'à *Hip hip hurrah !*, un film programmé au début des années 90 dans le cadre du Festival du cinéma nordique de Rouen. Ce film montrait, dans les dunes blanc crème et le bleu très particulier, presque lavande, de la mer à Skagen, tout au nord du Jutland, la vie d'un peintre obsédé lui aussi par l'idée du bonheur – mais dans son cas, cette quête se termine avec des crises de syphilis, puis la plongée dans la folie. Je poursuivis des recherches sur Kroyer jusqu'au jour où je découvris qu'il avait fréquenté Grez-sur-Loing en même temps que Carl Larsson. Sur un tableau de Kroyer on aperçoit même Larsson, à la table de l'hôtel Chevillon. Dès lors, l'idée s'imposa qu'il s'agissait d'un sujet pour moi : ces deux vies obnubilées par l'idée du bonheur, débouchant sur deux destins complètement à l'opposé. Un séjour dans le Jutland me permit de jeter les prémices de *Sundborn ou les Jours de lumière*, le seul de mes romans dont je suis à peu près satisfait. Le fond historique, moins respecté que dans *Autumn*, est malgré tout assez solide, mais la véritable différence, c'est la présence d'un narrateur, Ulrik, très proche de moi dans son désir de goûter l'instant pur, en partageant la vie de créateurs qui arrêtent le temps pour les autres, tout en subissant cruellement sa fuite dans leur propre vie.

C'est ce qui me fascine chez les peintres. Ils saisissent l'instant, le fixent sur une surface plane et dans un cadre. Ils semblent être les maîtres du temps. S'approcher de leur existence, c'est bien sûr y voir l'inverse. Tout le temps qu'ils ont su arrêter, ils se le sont pris à eux-mêmes, et leur soumission au destin n'en est que plus émouvante. Et puis parler des peintres, c'était pour moi résoudre la quadrature du cercle du roman, puisque ce qui m'intéressait le plus dans ce genre, c'étaient les atmosphères, les climats, les fragments arrêtés. Dans *Autumn* ou *Sundborn*, j'ai pu *écrire* des tableaux, le plus souvent au présent – la correctrice du manuscrit de *Sundborn* avait noté rageusement sur la première page : « Je ne comprends rien à l'emploi des temps dans ce roman » – pour revenir ensuite à un écoulement, au sentiment du passage et de la durée.

J'aime beaucoup les aquarelles de Carl Larsson, mais il n'est pas mon peintre préféré. En ce qui concerne Kroyer et les préraphaélites, c'est encore beaucoup plus vrai. Avec eux, j'ai écrit *autour* de la peinture. *Intérieur*, le livre que m'a inspiré Vilhelm Hammershoi, est tout autre. J'ai tenté avec les mots d'entrer dans sa peinture. C'est une peinture en soi très littéraire. Cet appartement énigmatique, ces successions de portes ouvertes sur des mondes insaisissables et confinés, ce silence, cette femme de dos, ces tâches domestiques ne traduisant pas la plénitude, mais une forme de rêverie résignée, cette absence d'enfance et d'enfants… De même, dans un autre registre, *Le Buveur de temps* est écrit *dans* l'atmosphère de Jean-Michel Folon. Le personnage principal, qui n'a pas de nom ni de temporalité, sort d'un tableau intitulé *Le Cri.* Son éternité est douloureuse, puisqu'il est figé dans la posture de cet appel. Un autre personnage, M. Delcourt, qui lui ressemble comme un frère, mais fait partie de la vie, va le mettre au monde, le faire sortir de la toile, et lui faire partager tous les privilèges et toutes les douleurs de l'existence – à la fin du récit, le premier personnage regagne son tableau. J'ai voulu mettre beaucoup de choses dans *Le Buveur de temps.* Peut-être trop. Mais ce roman incarne de façon aiguë ce qui demeure, bien davantage que celle du bonheur, la problématique qui me fait écrire : comment exercer l'arrêt du temps et donner paradoxalement à cet arrêt l'intensité du passé et l'angoisse du temps à venir ? De là à voir dans les tableaux un infini secret à débusquer, il n'y a qu'un pas, franchi avec *La Bulle de Tiepolo*, à la recherche d'une bulle possible ou fictive, une transparence où faire tenir la perfection que la réalité ne sait pas donner…

À toutes ces tentatives autour et dans la peinture, il faudrait ajouter la façon dont j'ai conçu mon livre sur Rouen en « harmonies » successives, plaçant ainsi mon évocation de la ville sous le principe des portails de Monet, et ajouter encore la manière dont quatre des livres que j'ai réalisés *avec* Martine, *Fragiles*, *Les chemins nous inventent*, *Paris l'instant*, *Traces*, voient les textes répondre aux aquarelles et aux photos de Martine, et non l'inverse. Enfin, *Les Amoureux de l'Hôtel de Ville* est né lui aussi d'une photo, emblématique d'un mouvement artistique, d'une façon de voir la vie en noir et blanc, mais symbolique aussi de toute mon enfance, puisqu'elle fut réalisée en 1950, l'année de ma naissance.

J'étais plutôt nul en dessin, en peinture. Quand on me demandait à l'école de peindre la maison de mes rêves, je ne peignais pas la maison de mes rêves, mais celle que je savais peindre : une meulière ennuyeuse et parallélépipédique – la meulière est très pratique pour remplir consciencieusement l'impossibilité de dessiner. Depuis quarante ans, je vis – même si j'ai dit combien Martine était peu expansive dans sa façon d'étaler la matérialité de sa recherche – à côté de ces carnets magiques où elle prépare des albums, mélange de croquis, d'esquisses, d'essais de nuances, de commentaires zébrant les pages, à côté de cette transparence si pure de l'aquarelle où tout commence avec de l'eau incantant une surface – une surface où va naître un univers qui n'en finit pas de cheminer. Bien sûr, ce monde me fascine, et je suis amoureux de ce talent que je n'ai pas.

Les musées m'ont toujours physiquement mis mal à l'aise, à cause de la sensation d'enfermement, nourrissant aisément des malaises spasmophiliques. À cette réaction purement physique s'ajoute une détestation certaine pour les expositions-événements, ce sentiment horripilant que les gens vont considérer comme une nécessité leur fréquentation de Bacon un mois après n'avoir pu survivre sans partager le paysage italien du XIXe. Je préfère me balader libre dans les rues, avec mon regard de peintre qui ne sait pas peindre. Et puis il y a une expression, à mi-chemin entre l'humilité et l'orgueil, comme souvent chez moi, qui correspond tout pile à mon rêve avoué. J'aimerais bien être ce qu'on appelle en peinture un « petit maître ».

Fragments cinématographiques

J'ai dit comment une photo, à l'égal d'un tableau, pouvait devenir pour moi un sujet. C'est vrai des photos de Martine pour trois des livres que nous avons réalisés ensemble. C'est vrai du *Baiser de l'Hôtel de Ville* de Doisneau. Mais je pense avoir un rapport un peu particulier avec l'image mouvante, le cinéma. Là aussi, il y a un mélange de forte imprégnation et d'insuffisance. Je suis absolument incapable de raconter un film, même deux jours après l'avoir vu. Les éléments narratifs s'envolent et demeurent seulement les atmosphères, les climats, un fragment, une séquence. C'est comme pour les mathématiques : je n'y mets aucune coquetterie, cela relève simplement d'une incapacité. Mais en même temps, peut-être cela me permet-il de sentir plus fort certaines choses, en échappant à la logique de la fiction. De même qu'en peinture, je suis par ailleurs totalement béotien par rapport à la technique cinématographique. Je ne pense jamais à la façon dont la caméra a été placée. Échappant à la fois au déroulement du scénario et à la technique – et en cela le cinéma est pour moi plus magique que la littérature, où j'ai tendance à voir « comment c'est fait », tout en me laissant prendre –, j'ai été profondément marqué par quelques films, ou quelques éclats de films.

Dans *Les Amoureux de l'Hôtel de Ville*, j'évoque abondamment les photos de Doisneau, d'Édouard Boubat et autres Ilse Bing, et je m'insurge contre leur inconscient impérialisme : à toujours représenter la vie en noir et blanc, elles ont statufié la vie des années 50 en noir et blanc. Trop talentueuses, elles assignent la mémoire des enfants de l'époque au noir et blanc, à tous les gris surtout, à l'infinie mélancolie de ces nuances de fumée. Et puis voilà un film, en 1956, *Le Ballon rouge*, d'Albert Lamorisse. Quarante minutes, presque un court métrage. Mais un chef-d'œuvre. Trois ans auparavant, Lamorisse avait réalisé *Crin-Blanc*, en noir et blanc. *Le Ballon rouge* est en couleur. Oui, les années 50 étaient en couleur... Et les ballons rouges étaient rouges. Celui que rencontre Pascal au début de l'histoire est si beau, à la fois mat et lumineux, fruité. Il incarne à lui seul la révolte de toute l'enfance contre le noir et blanc des années 50. Pourtant, le Paris-Ménilmontant du *Ballon rouge* semble presque plus gris d'être en couleur. Il doit beaucoup à la subtilité du travail sur la lumière d'Edmond Séchan. Contrejours, reflets ardoisés, infinis dégradés de presque bleu, de pas tout à fait mauve. Et puis, sans doute, l'intrinsèque mélancolie de ce Paris d'après-guerre pas ravalé, surtout dans ce quartier populaire. *Le Ballon rouge* est ma première grande émotion cinématographique, et j'en suis heureux en retrouvant aujourd'hui à l'envi le plaisir de le regarder avec mon petit-fils. La fin du film est très gaie et très triste. Les voyous du quartier ont crevé le ballon, et de partout des milliers de ballons accourent pour consoler Pascal, l'emporter dans un voyage inquiétant et merveilleux. La fin de *Crin-blanc*, cette île où les enfants et les chevaux sont toujours des amis, la fin du *Ballon rouge*… Décidément, chez Albert Lamorisse, les rêves de l'enfance se terminent par une mort qui fait semblant d'être enchantée. Ça me va.

Si mon enfance reste éblouie par *Le Ballon rouge*, la fin de mon adolescence fut marquée par le réalisateur suédois Bo Widerberg, à travers deux films : *Elvira Madigan* et *Adalen 31*. Une des scènes d'*Elvira Madigan* est même essentielle dans ma façon de voir la vie. Un officier marié, père de famille, tombe amoureux d'une jeune funambule. Ils vont vivre leur passion condamnée par la société dans la lumière d'un été déclinant. Il n'y a que des choses belles et bonnes, des fraises à la crème, des forêts, l'amour. Et puis on comprend vite que toutes ces images sont des épiphanies, qui portent le sens à peine caché d'une mort prochaine. L'appétit n'est que l'envers de la faim, leur liberté une prison. Ils rassemblent leurs dernières économies pour un pique-nique. Ils ont du vin, des fruits, des rires. Tout à coup, la bouteille de vin se renverse. Elle a un geste vif pour la redresser, mais lui arrête son bras. Tous deux regardent lentement le vin s'écouler, tout à coup silencieux et si graves. Il y a des flèches de soleil dans le sous-bois...

Adalen 31 est quant à lui un film complètement impressionniste dans sa construction. L'histoire réelle et tragique d'une grève qui tourne mal, au nord de la Suède, en 1931. Mais là aussi, on en suit le déroulement dans des fragments de vie lumineux et simples. Il y a des jeunes, des briseurs de grève, l'intervention maladroite de l'armée. De très jeunes soldats finissent pas tirer sur la foule, mais en dépit de sa philosophie nettement gauchisante, le film ne montre pas la violence de façon manichéenne : c'est surtout la peur qui pousse les militaires à tirer, de façon malhabile. Harald, le père de Kjell, héros de l'histoire, est abattu. Après sa mort, il y a une très belle scène. Trouvant sa mère trop longuement prostrée, perdue, Kjell lui dit : « On ne peut pas se payer un deuil comme ça. » Il déchire la chemise de son père et commence à laver les carreaux, imité par sa mère. Il est à l'extérieur de la maison, elle est à l'intérieur. Les chiffons se rejoignent de part et d'autre de la vitre, d'abord accidentellement, puis cela devient un jeu. Leurs mouvements s'accélèrent comme si l'un des chiffons voulait s'échapper et l'autre le rejoindre. Ils rient.

Kjell a découvert la sexualité avec Anna, la fille du patron de l'usine, Olle. Au début de l'histoire, Kjell est le bienvenu dans la maison d'Anna. Hedvig, la mère d'Anna, lui montre des reproductions de tableaux impressionnistes et commente cet art de vivre. Kjell s'entraîne à répéter, en faisant trop rouler les *r* : « Pierre Auguste Renoir. » Mais Anna s'aperçoit qu'elle est enceinte. Pendant que la grève dérape dans le sang, Hedvig et Anna quittent Adalen pour l'avortement. Tout à la fin du film, alors que Harald vient d'être abattu, Kjell va sonner chez Olle. Le patron, embarrassé, est seul dans la maison. Il dit à Kjell : « Elle n'a plus l'enfant. » Pour seule réponse, Kjell le regarde les yeux dans les yeux en répétant, très correctement et durement : « Pierre Auguste Renoir. »

Il y eut ainsi, au fil des années 60, début des années 70, un cinéma résolument littéraire, dont certains aspects, comme l'incommunicabilité dans le cinéma italien, ne m'effleurèrent qu'à peine. Par contre, je fus impressionné par *À bout de souffle*, la superbe désinvolture de Belmondo, Jean Seberg répétant : « New York Herald Tribune ! » et : « Qu'est-ce que ça veut dire, "dégueulasse" ? » Mais surtout, j'ai aimé *Ma nuit chez Maud*, d'Éric Rohmer. Ce marivaudage sur fond de discussion pascalienne, avec Clermont-Ferrand l'hiver, la neige, le charme de Marie-Christine Barrault, sa petite chambre, son solex, l'honnêteté bavarde du personnage joué par Jean-Louis Trintignant, mais aussi ses silences, la séduction désenchantée de Françoise Fabian. Un autre film complètement littéraire, un peu plus ancien, *Moderato cantabile* de Peter Brook, adapté du roman de Marguerite Duras, reste pour moi une atmosphère unique, touchant dans sa lenteur triste toutes les images. Les deux protagonistes, incarnés par Jeanne Moreau et Jean-Paul

Belmondo, errent dans la ville, les cafés, sur les places, les trottoirs. On entend la voix de Belmondo qui narre leur histoire comme si elle était déjà passée, à la troisième personne, avec des phrases du roman. Les valeurs bourgeoises transgressées en apparence, mais si pluvieusement définitives.

Paradoxalement, je crois que durant cette période, autour des mes vingt ans, où le cinéma m'a offert des aliments d'autant plus nourrissants qu'ils semblaient proposés de manière éparse, désinvolte, le film qui m'a le plus marqué est une œuvre que je n'aime pas vraiment. *Rendez-vous à Bray*, d'André Delvaux. Sur le plan de l'émotion, ce film ne m'a pas réellement touché. Mais il constitue dans son principe la cristallisation de toute une époque de création. L'adaptation d'une nouvelle de Julien Gracq, d'abord. On a peut-être un peu de mal à imaginer aujourd'hui la place tenue par Julien Gracq dans l'imaginaire des étudiants en lettres du début des années 1970. Il était *la* littérature, un mélange parfait de retrait, de secret, de très haute ambition enfouie dans le terne des jours. Et puis, malgré cette distance, on pouvait rêver de l'approcher. Tel de mes copains de fac qui écrivait un mémoire de maîtrise sur lui pouvait se targuer de plusieurs lettres reçues de la main du maître. Tel autre rédigeant une thèse avait même connu l'insigne honneur d'une brève rencontre à Saint-Florent-le-Vieil. Adapter Julien Gracq ne pouvait se concevoir sans d'infinies réticences de l'auteur. Il les exprime, avant de concéder leur dissipation, dans le texte d'*Une collaboration sans nuages*, aujourd'hui disponible dans une édition très complète (DVD, CD de la musique du film, documentaire, approches réflexives de Delvaux) de *Rendez-vous à Bray* : « La fiction littéraire, quand elle se fait l'inspiratrice et le guide d'un art connexe – et cela parce qu'elle est signification de part en part – n'est jamais indemne de l'exercice d'un impérialisme décidé. Si elle inspire, elle ne le fait qu'en imposant un cadre fixé, des lignes directrices peu flexibles, un contour insistant qui se prête aussi mal que possible aux transpositions et aux transmutations. L'histoire des longs démêlés aigres-doux, du concubinage à la fois passionnel et agité de la littérature de fiction et du cinéma s'enclenche là : elle est celle d'une incompatibilité foncière de tempéraments qui pourtant s'accommodent tant bien que mal de la cohabitation, et même de la collaboration. Le cinéma est image, et le propre de la littérature de fiction, en même temps que son aptitude à suggérer, réside dans son incapacité à jamais *faire voir*. Flaubert déjà le savait parfaitement, qui répondait – à peu près – à une proposition d'illustration de ses romans : "Pensez-vous que je vais laisser quelqu'un montrer ce que j'ai mis des années de travail à empêcher qu'on voie ?" Le genre asexué – fondamentalement impur – du scénario figurant le contrat boiteux par lequel les deux arts concluent le pis-aller d'un compromis plutôt qu'un vrai mariage.

« Des mariages de cette espèce – pour inverser le mot de La Rochefoucauld – il n'y en a sans doute point de parfait ni de délicieux, mais il y en a quelquefois de bons. Mes rapports avec André Delvaux, grâce à lui, m'en ont apporté la preuve. »

Étonnant, cet assentiment de Gracq. La nouvelle « Le roi Cophetua », troisième du recueil *La Presqu'île*, est extraordinaire. La situation du narrateur est ambiguë. Un ami « qu'il connaît peu », Jacques Nueil, dont on apprend qu'il est compositeur et aviateur militaire – puisque la nouvelle se déroule avec la guerre de 14-18 en fond très opaque et sourd –, lui a donné rendez-vous dans une maison qu'il possède à Bray-la-Forêt, tout près du front. Quand le narrateur arrive dans la maison, après un voyage en train depuis Paris, Nueil n'est pas encore là. Une femme silencieuse l'accueille, d'emblée mystérieuse, malgré un statut plus ou moins explicite de servante. Elle laisse le narrateur attendre seul. Cette attente est un grand moment d'écriture. Il ne se passe rien. Un feu flambe vaguement dans la cheminée. On entend au loin une canonnade incertaine. Tout de suite on sait que Nueil ne viendra pas. On ne saura pas pourquoi. C'est la Toussaint. La nuit tombe. Et ce sont toutes les nuits qui tombent dans toutes les maisons solitaires. À la fin du texte, il y a une relation physique entre le narrateur et la *servante*, mais c'est une étreinte presque abstraite, une fausse action – et le seul passage un peu faible du texte.

De ce petit bijou, quintessence absolue de l'univers gracquien, André Delvaux a fait un film très riche, très artiste. Passionné de musique, de peinture, Delvaux pensait que le cinéma était un art qui pouvait regrouper, transposer les autres. De fait, *Rendez-vous à Bray* est beaucoup un film musical. On pourrait dire que le silence de Gracq s'y fait musique. S'appuyant sur le statut musical du *deus ex machina* Jacques Nueil, Delvaux instille dans son film une musique très raffinée, du Fauré, du Brahms surtout, quelques andante d'intermèdes de Brahms écrits juste avant sa mort, et même un pastiche de l'intermezzo en *si* mineur qu'il demanda à Frédéric Devreese d'écrire dans la technique exacte de Brahms. Cette musique est-elle l'équivalent du style de Julien Gracq ? Par moments, oui, c'est presque parfait, il y a une espèce d'énergie moderne dans la déréliction d'une nostalgie séculaire. Mais on *voit* trop les personnages. On *voit* Jacques Nueil, dont l'absence est si forte dans la nouvelle, et même un autre personnage féminin, joué par Bulle Ogier, qui est l'équivalent solaire de la nocturne servante, Anna Karina. Quant à Matthieu Carrière, qui joue le rôle principal, avec sa beauté parfaite et sa gestuelle mécanique, il était un peu trop souvent à l'époque le comédien fétiche des cinéastes intellectuels.

Je me suis arrêté longuement sur ce film car il a constitué ce qui, dans mes années de formation, symbolise l'attrait du « littéraire », l'idée que la texture même de l'ennui, de l'attente peut s'exprimer par des équivalences. Mais avec *Rendez-vous à Bray*, à travers la recherche d'autre chose, il y a une délectation à voir que le littéraire répand sa fascination mais garde sa supériorité.

Cependant, j'ai aimé des films paradoxalement plus littéraires que les romans ou les nouvelles dont ils étaient issus. C'est étrangement le cas de *Jules et Jim* et des *Deux Anglaises et le continent* de François Truffaut, adaptés de deux romans de Henri-Pierre Roché. Étrangement, car on y entend Truffaut lire des extraits des romans en voix off – mais le timbre de la voix de Truffaut est déjà un film de Truffaut – il y a une rigueur strictement truffaldienne dans la façon de porter le texte en lui donnant une espèce de structure implacable.

J'aime bien le romancier Kazuo Ishiguro. Mais je trouve le film *Les Vestiges du jour* de James Ivory bien supérieur au roman. Dans ce dernier, c'est la construction du personnage central, le majordome, qui est étonnante. On apprécie l'exploit, pour un très jeune romancier, de se mettre dans la peau d'un personnage si éloigné de lui. Mais il n'y a pas l'humanité que dégage le film à chaque instant, notamment grâce à l'interprétation d'Anthony Hopkins et d'Emma Thompson. La scène finale, sur une petite estacade où les lumières s'allument quand tout s'éteint définitivement dans la relation amoureuse informulée entre ces deux antihéros, est terrifiante. Informulée. Jamais le majordome n'aura osé parler, victime de son adéquation parfaite avec sa personnalité de majordome. Elle aura attendu en vain qu'il se décide. Il reprend son car. Il pleut. Il y a deux victimes. C'est pousser très avant l'amour silence.

Oui, j'aime bien que le cinéma puisse être supérieur à l'écrit. Ce n'est le cas toutefois que lorsqu'il s'agit d'un réalisateur plus littéraire que l'écrivain qui a inspiré son adaptation. En même temps, je suis ravi de pouvoir trouver dérisoire telle adaptation de Proust, de Flaubert ou de Stendhal. Comment l'ironie stendhalienne pourrait-elle être traduite par un langage cinématographique ? Comment ne pas s'esclaffer en entendant le père d'Emma Bovary rapporter de vive voix les phrases de Flaubert sur son veuvage en expliquant que sa tristesse s'en est allée « brin à brin » ? Et pour Proust, c'est nécessairement ridicule.

Par ailleurs, je me rends compte que mes émotions cinématographiques, mêmes récentes, sont souvent liées à un texte. Un incipit, comme les phrases élégiaques modulées par la voix de Woody Allen au début de *Manhattan*, ou un épilogue, Philippe Noiret lisant la lettre qui ponctue le film de Bertrand Tavernier *La Vie et rien d'autre*.

Les écrivains de la première moitié du XXe siècle détestaient souvent le cinéma, ou disaient qu'ils n'y comprenaient rien, comme Mauriac. Pour un écrivain d'aujourd'hui, le problème ne se pose pas dans les mêmes termes. Il est impossible de ne pas être marqué en tant que créateur par le cinéma. La complexité même du septième art, sa façon de jouer sur plusieurs registres, image, narration, silence ou musique, suscite des éclats de vie, de grâce, des échecs aussi qui nourrissent l'imagination des écrivains. J'ai évoqué quelques fragments, qui flottent dans ma tête et se détachent. Tant d'autres ont dû compter, qui restent enfouis.

Chanson française

J'ai eu l'occasion d'évoquer dans les chapitres précédents des goûts musicaux – Fauré, Debussy, Ravel – qui fonctionnent plutôt comme des équivalences à la peinture, à la littérature que j'aime. Car la musique que j'aime vraiment, ce n'est pas la musique. C'est la chanson. Sous-genre musical peut-être, surtout quand on préfère les paroles. Mais c'est ainsi. La chanson, c'est mon truc, depuis toujours. Enfin, depuis qu'un jour où j'étais malade – j'avais douze ans – ma sœur m'offrit le trente-trois tours de Brel à l'Olympia 62. Je retrouve ma position dans le lit de ma petite chambre à Sèvres, le papier peint gris pluie, je sens la fièvre qui me cogne aux tempes, j'entends le craquement du saphir sur le pick-up, et tout de suite, sur fond de piano et d'accordéon, une voix étrange :

> « Le soleil qui se lève et caresse les toits
> Et c'est Paris le jour… »

Comme plus tard l'aiguille de Proust, l'aiguille du saphir m'est entrée dans la peau. Dès lors, j'ai commencé à me passionner pour la chanson française. Alors que les cours de piano m'ennuyaient, l'achat d'une guitare m'apparut comme une sorte de sésame, ouvrant la possibilité de séduire les filles en leur interprétant toutes les chansons qui me construisaient, et donneraient de moi une image valorisante et juste, puisque c'étaient non seulement des chansons que j'aimais, mais des chansons qui traduiraient un moi profond : l'effort d'interprétation me permettrait de les habiter. C'est dans cet état d'esprit que je m'asseyais le soir sur un pupitre dans la classe déserte de ma mère, les pieds sur le banc. Ma première guitare, achetée deux cent cinquante francs chez Paul Beuscher, et offerte à Noël l'année où j'étais en seconde, me permit au bout de quelques semaines de jouer cinq ou six accords, d'apprivoiser quelques arpèges. Je posais maladroitement ma voix sur cet édifice fragile pour chanter *Lazare et Cécile* d'Anne Sylvestre. Les paroles, je les connaissais par cœur, comme celles de dizaines puis bientôt de centaines de chansons. Barbara, Anne Sylvestre, Trenet, Brassens, Brel, Felix Leclerc, Leforestier, Béart, Ferré, Moustaki, Ferrat, Dylan… Je les connais toujours pour la plupart. Elles constituent une espèce de soubassement mental solide. Quand je m'arrête à un feu rouge, ce sont des bribes de chansons qui défilent dans ma tête.

L'apprentissage fut bientôt spectaculaire, avec des progrès réels non dans le chant – je n'ai jamais beaucoup aimé ma voix – mais dans la technique d'accompagnement. La séduction espérée resta toutefois très longtemps virtuelle – aussi longue et douloureuse que tout l'amour silence. Les filles que je rencontrerais par la suite, en première, en terminale, n'étaient guère sensibles au genre de chansons que j'apprenais, et la vie est bien faite : elles n'étaient pas profondément amoureuses du garçon que j'étais. Avec mes amis les plus proches, Serge, Bernard, c'était un peu différent, ils respectaient mes choix, mais leur culture était anglo-saxonne : Stones, Beatles, etc. Seul Arthur, d'origine arménienne, était comme moi plutôt « chanson française ». Il me proposa d'enregistrer sur un petit magnétophone à bande une cinquantaine des titres que je préférais. La première vraie auditrice de cette bande fut Martine, deux ans plus tard, et là encore, la vie est bien faite : elle fut conquise, davantage, je pense, par le choix des morceaux que par la qualité de l'interprétation. Elle essuya un échec assez retentissant en proposant chez elle, lors du dîner familial, une audition de mes prouesses. Sa mère trouva que je ne chantais pas en rythme. Quant à son père, j'imagine son inquiétude devant l'enthousiasme de sa fille chérie pour les prestations d'un étudiant de Nanterre rencontré quinze jours auparavant. Mais elle n'en avait cure. Elle souhaitait surtout sans doute – un peu comme le narrateur de la *Recherche* aime contraindre ses parents à prononcer le nom de Swann – prolonger l'idée d'une rencontre. Placée sous le signe de l'enfance, cette dernière le fut aussi sous le signe de la chanson.

Il y eut donc les années fac, et puis en 75 le début de mes années d'écriture. Presque dix ans de mélancolie, jusqu'à la parution de *La Cinquième Saison*. La chanson joue un rôle considérable dans cette période. On n'embête pas ses amis, ses copains, ses connaissances avec un manuscrit non publié. On sait que le refus d'un ou de plusieurs éditeurs entache ce meilleur de soi d'une connotation rédhibitoire – je te fais lire ce dont le monde n'a pas voulu. La chanson, c'est autre chose. On peut sortir sa guitare dans une soirée amicale, glisser une chanson de soi, entre une de Brassens et une de Leclerc. C'est ce que je fis, de plus en plus souvent, manière de rompre avec le silence assourdissant des maisons d'édition. Parallèlement, j'animais un club d'accompagnement à la guitare à la maison des jeunes de Beaumont. En fait, par manque de locaux, les séances du club se déroulaient chez nous, dans la pièce principale, pendant que Martine animait un club de dessin dans la cuisine. Une chaude pagaille douce de sons et d'images. Marc, un ancien élève de Martine, apprenait la guitare avec moi. Avec les années, il commença à poser le contre-chant d'une deuxième guitare sur mes chansons. Nous fûmes un jour prêts pour proposer un tour de chant, deux ou trois fois par an. Cela se passait à Beaumont et surtout à Bernay où j'enseignais, avec des publics de cent à deux cents personnes acquises à la cause, amis, collègues, parents d'élèves sympathisants. Mes chansons n'étaient pas si mauvaises, je crois, meilleures pour les paroles que pour la musique. Par contre, j'éprouvais, malgré l'amitié de Marc, un plaisir limité à me produire sur une scène. De fait, dès que j'eus le bonheur de publier un premier livre, mon désir de chanter mes textes commença à disparaître. Et puis Marc était devenu instituteur dans la Manche. Bref, le début d'une autre époque. Clairement, la composition et l'interprétation de chansons personnelles étaient une façon d'atténuer la tristesse de l'écriture en échec.

Malgré tout, ma passion pour les chansons des autres persista. Dès le début de ma carrière de professeur, j'avais intégré l'explication des textes de chansons à mes cours. J'apportais ma guitare. On faisait l'explication, puis on chantait. Mon critère était donc simple : choisir des textes chantés qui pouvaient « tenir le coup » pendant trois quarts d'heure d'analyse. Je gardais un quart d'heure pour chanter la nouvelle et quelques autres, déjà expliquées. Une première satisfaction : les élèves, quel que soit leur niveau, connaissaient les chansons par cœur sans les avoir apprises. Quand j'évoquais cette expérience pédagogique, on me disait souvent : « Ah ! oui, je vois, Brel, Brassens… » Certes, Brel, Brassens, mais le plus excitant fut d'avoir pu inviter à mes cours au fil du temps les textes de nouveaux arrivants tout aussi littéraires, Jean Sommer, Alain Souchon, Gilbert Laffaille, Thomas Fersen, tant d'autres… Les deux meilleurs supports furent, dans des genres très éloignés, Anne Sylvestre et Alain Souchon.

Anne Sylvestre pour la richesse, très exploitable avec les plus grands, de thèmes humanistes sensiblement traités. Ainsi pour l'avortement :

« Non non tu n'as pas de nom
Non tu n'as pas d'existence
Tu n'es que ce qu'on en pense… »

Mais d'autres textes d'elle valaient par la seule force poétique. Ainsi *Porteuse d'eau* :

« Quatre saisons filant sans bruit
Le jour et puis un jour la nuit
La mort et puis
Que la terre me prenne… »

Quant à Souchon, c'est un bonheur pour le prof. À l'époque où mes élèves entendaient à la radio *Rame*, c'était si jubilatoire de leur dire : « D'accord, vous connaissez cette chanson. Mais à votre avis, qu'est-ce que ça peut bien vouloir dire :

"Baignoire baignoire
Tu m'as menti
Ailleurs ailleurs c'est comme ici" ? »

Souchon, c'est un miracle d'écriture concentrée, truffée de néologismes et de transgressions grammaticales.

Mais quand la pudeur se mêle à la sensibilité… Parler de la mort d'un père en écrivant :

« Dix-huit ans que j't'ai à l'œil
T'es à Bagneux sous les feuilles
J'vais pas t'voir j'aime pas ça
Mais j'te joue d'l'harmonica… »

Pardonnez-moi si quelques autres citations vont suivre, mais il m'est difficile de dire comment ma tête d'écrivain est faite sans les évoquer. Plus encore que Renard et Léautaud, les chanteurs ont fabriqué quelquefois la flèche absolue, le langage aérien, mystérieux et acéré, un modèle. La mélodie, le rythme y mêlent leur lyrisme et leur efficacité pour inventer de pures perles de poésie.

Parmi les réussites d'écriture qui m'ont marqué, je voudrais faire un sort à la chanson qui reste pour moi la plus bouleversante, *Mon enfance*, de Barbara. Elle y évoque une maison d'enfance où elle vécut durant la guerre, et l'insupportable intensité de l'enfance retrouvée :

« Le parfum lourd des sauges rouges
Les dahlias fauves dans l'allée
Tout j'ai tout retrouvé
Hélas
Il ne faut jamais revenir… »

Mais l'intensité émotionnelle n'est pas nécessairement requise pour faire d'une chanson un chef-d'œuvre. Je considère comme tel *Les Transports en commun*, une chanson de Thomas Fersen qui distille sur fond de rendez-vous sentimental les sensations éprouvées dans le métro :

> « Dans les courbes les chromes
> Aimantent les mains
> Mes doigts meurent sous la paume
> De mon prochain… »

Beaucoup plus tôt dans mes rencontres, Jean Sommer faisait preuve de la même efficacité quand il évoquait la naissance attendue de son premier enfant :

> « Dans ton ventre des fois
> Je l'entends qui bouge
> Comme un p'tit motard
> Bloqué au rouge… »

Sa chanson *Comme à quinze ans* resta longtemps un « hit » absolu pour mes élèves de troisième.

Et comment ne pas me sentir en parenté avec ces vers de Gilbert Laffaille évoquant un kaléidoscope :

> « Tu vois c'que tu vois
> Et ça tient à quoi ?

En tournant deux doigts
On peut voir la vie
Palais merveilleux
Soleil en épis
Glaçons verts et bleus
Cascade infinie… »

On ne s'étonnera pas trop que je place au même rang quelques réussites de Vincent Delerm. Quand des amis ou des connaissances m'entendent évoquer cette admiration, ils ont souvent le petit sourire qui sous-entend de ma part la subjectivité paternelle. Comment les convaincre ? Tout dans ma façon d'aimer la chanson à travers les années dit pourtant pourquoi Vincent est mon chanteur d'aujourd'hui préféré, serait mon chanteur préféré si je n'étais pas son père. Vincent peut aller jusqu'à la profonde émotion dans *Châtenay-Malabry*, une étonnante chanson pour un premier disque, avec une narratrice d'une soixantaine d'années évoquant la fin déchirante pour les parents des réunions familiales de Noël :

« Chacun a sa vie c'est normal. »

Mais certains passages apparemment plus banals, parce que la chanson est devenue avec Souchon, avec Fersen, un genre où l'on ne met plus le texte en avant en soulignant : « Écoutez comme c'est poétique et profond », sont d'une acuité d'écriture... Ainsi, dans le deuxième disque de Vincent l'évocation d'un mariage, dans *Anita Petersen* :

« Il y a sûrement sous cette tente
Quelques discussions sur l'amiante
Real de Madrid Formule 1
Trois couverts à poisson plus loin. »

Et dans son dernier disque, la première chanson, *Tous les acteurs s'appellent Terence*, évoquant le climat du cinéma hollywoodien tel que le font revivre les documentaires télévisés, contient cette trouvaille :

« Toutes les actrices s'appellent Betty
Tu vois l'topo dans les taxis
Le télégramme la peur de filer un bas... »

« Le télégramme la peur de filer un bas. » Comment mieux dire en si peu de mots l'être dans le monde d'une actrice hollywoodienne ? Trenet aurait sûrement apprécié, qui savait écrire :

« Il y avait des fraises
Des côt'lettes d'agneau
Une atmosphère Louis XIII
Du vin chaud... »

J'aime toujours les chanteurs que j'ai commencé à écouter il y a près de cinquante ans. J'aime beaucoup de ceux qui sont venus depuis, et la façon dont le genre de la chanson a évolué, gagnant en sobriété sans perdre de son intensité. De plus, ces chansons, je les chante, elles font partie de moi de façon viscérale. La chanson rend la vie plus belle. C'est si agréable de fredonner Voulzy sur des paroles de Souchon :

> « Voici le joli moi de mai
> Les manteaux on les met jamais… »

Je ne peux quantifier la part que la chanson tient dans mon écriture et dans mon plaisir de continuer à écrire, mais elle compte infiniment. Oui, je crois que les chanteurs sont aussi mes écrivains préférés.

Sur la route

J'ai essayé tout au long de ce livre de traquer le pourquoi de mon écriture, en délaissant le plus possible le comment. Parfois cependant, le pourquoi et le comment s'enchevêtrent si étroitement qu'il est difficile de taire le comment. Difficile d'oublier qu'à une époque où la fascination pour Proust m'empêchait de rien tenter par ailleurs j'adressais une lettre par jour à Martine, et qu'elle les trouvait réellement littéraires et m'encourageait à écrire. Difficile d'oublier la lettre que m'envoya Hélène Cadou après lecture de *La Cinquième Saison*, et cette incroyable assurance qu'elle me donnait de l'estime et de la proximité de René-Guy. Difficile de ne pas souligner les propos tenus en 1983 par Jean-Paul Bertrand, patron des Éditions du Rocher, qui s'était décidé à publier cette même *Cinquième Saison* : « Vous avez choisi une voie difficile. Cela mettra peut-être quinze ans, mais je suis sûr que vous êtes un écrivain. » Voilà ce que me dit cet homme dont l'orthodoxie germano-pratine ne fut jamais considérable, et qui publia une douzaine de titres sans jamais se lasser de ventes dérisoires.

Mais au cœur du sérail, je fus par ailleurs soutenu en espérance, de manière assez étonnante, par trois hommes que je ne connaissais pas, et dont le comportement à mon égard fut pour le moins élégant et désintéressé.

Le plus surprenant fut peut-être Jean d'Ormesson. J'avais beaucoup aimé *Au revoir et merci* et *Au plaisir de Dieu*, deux livres où le goût du bonheur et celui de la mélancolie se marient avec un charme singulier. Il s'y mêlait une aisance dans le paradoxe que d'Ormesson a conservée depuis. Je lui écrivis, aux Éditions Gallimard, pour lui dire combien ces deux livres avaient compté pour moi. J'avais lu quelque part qu'il était submergé par le courrier et ne répondait plus. Eh bien, j'eus la grande surprise qu'il me réponde, et entame avec moi une correspondance suivie, toujours de sa part à l'en-tête de la revue *Diogène*, où il se réfugiait pour être tranquille. Je lui confiai mes rêves d'écriture, et il me proposa de lire mes premiers essais – ceux-là mêmes dont la référence proustienne me semble aujourd'hui redoutable. Il eut la patience de m'encourager, de me conseiller. Au fil des ans, notre échange se mit à porter sur le « grand » et le « petit ». Comme je lui disais que je n'étais attiré que par les petits sujets, il me répondit que c'était sans doute intéressant, mais qu'on avait aussi le droit de traiter les grands quand on s'appelait Marguerite

Yourcenar. Depuis, il a écrit un livre intitulé *Presque rien sur presque tout*, quand ma devise serait plutôt : presque tout sur presque rien. Bref, c'était vraiment un échange, assez stupéfiant quand on considère ce que nous étions l'un et l'autre, lui l'ex-directeur du *Figaro*, l'académicien français, et vedette médiatique déjà considérable – « Un certain appétit pour la gloire, à défaut pour la publicité », revendiquait-il avec une certaine coquetterie – et moi, le petit prof de province et de gauche qui ne parvenait pas à placer un manuscrit chez un éditeur. À ce sujet, il finit par m'adresser une lettre, dont j'ai retenu l'essentiel par cœur : « Vous avez une belle vie. Ne la laissez pas contaminer par l'obsession éditoriale. Si vous parvenez à continuer à écrire sans être trop triste de vos échecs, je ne doute pas de votre réussite future. » Conseil précieux, difficile à suivre, mais qui témoignait d'une empathie réelle.

Ce qui est assez joli dans mon histoire avec Jean d'Ormesson, c'est que ses encouragements se poursuivirent seulement jusqu'à la date de ma première publication. Il savait que j'avais réalisé mon rêve. Quant à moi, pour rien au monde je n'aurais voulu avoir ensuite avec lui un contact « utile ». Silence donc entre nous désormais. Beaucoup plus tard, en 97, au Salon du livre, alors que je venais d'obtenir le prix des Libraires pour *Sundborn ou les Jours de lumière* et que *La Première Gorgée de bière* était paru depuis moins d'un mois, il vint me saluer sur le stand du Rocher où je signais, et m'embrassa affectueusement.

Le deuxième écrivain dont l'attitude me réconforta dans la traversée du désert fut Jean-Marie Gustave Le Clézio. Un écrivain pour lequel j'éprouvais une immense admiration, notamment à l'époque de la parution du *Chercheur d'or*, de *Voyage à Rodrigues* et surtout de *L'Inconnu sur la terre*. Ce livre me marqua profondément par sa composition fragmentaire et son rapport au monde. Je l'ai beaucoup offert. J'éprouve toujours un grand plaisir à en relire des passages, et notamment les pages extraordinaires que l'auteur consacre aux oranges. Ce livre me donna du courage sur la route d'un minimalisme solaire.

Mais Jean-Marie Le Clézio : physique impressionnant, une beauté intimidante, et comportement social que j'imaginais à l'unisson, inaccessible, habité, distant. Je n'avais pas de poste de télévision à l'époque. Après avoir regardé un *Apostrophes* que Bernard Pivot consacra exclusivement à Le Clézio en 1979, je crois, ma mère me dit qu'il y avait affirmé son plaisir à lire des manuscrits non édités, qu'il trouvait souvent supérieurs aux ouvrages publiés. Je me risquai donc à adresser un exemplaire de *La Cinquième Saison* chez Gallimard, aux bons soins de J.-M. G. Le Clézio. La réponse ne tarda guère. Petite écriture, lettres fermes un peu penchées, à l'encre bleue. Le Clézio m'y disait son plaisir à lire ce faux roman et à y découvrir un talent s'exprimant

« sans recours à la fiction, par simples impressions-pulsations ». Par ailleurs, il me confiait qu'il faisait partie du comité de lecture de Gallimard, et qu'il y défendrait mon manuscrit, mais qu'il était souvent à l'étranger – au Nouveau-Mexique, je pense. Quelques semaines après, on téléphona chez moi. J'étais chez le dentiste. Martine prit la communication. C'était quelqu'un de Gallimard. On lui posa beaucoup de questions sur moi, puis on lui dit qu'une décision positive était à peu près certaine concernant le manuscrit, que Claude Gallimard lui-même emportait pour le lire le week-end suivant. Je me souviens de ce dimanche d'attente horrible un 1er mai où nous étions chez des amis et où j'eus bien du mal à ne rien dire et à faire semblant de m'intéresser à autre chose. Pas de nouvelles le lundi, et le mardi ce couperet : Claude Gallimard avait trouvé que ce n'était pas tout à fait le ton de la maison. Début d'une longue tristesse. Ah ! oui, Apollinaire a raison, comme l'espérance est violente ! Pour me *consoler*, on me donna rendez-vous avec un lecteur. C'était Pascal Quignard. Il me reçut courtoisement dans un petit bureau donnant sur le jardin, chez Gallimard – ainsi, il y avait des gens payés pour ça ! –, et me confirma que le coup était passé tout près. Il ajouta qu'à son avis mon écriture avait des qualités et des défauts, mais de ces derniers je ne me déferais pas, il le savait.

Il me fallut attendre trois années encore pour recevoir l'acceptation des Éditions du Rocher. Je me souviens d'avoir dit alors à Martine : « Qu'ils me laissent tranquille, je n'y crois plus. Tous ces presque, cela fait si mal, chaque fois. » Et bien sûr, cette fois-là était la bonne. Jean-Marie Le Clézio me permit de reproduire sur la quatrième de couverture un extrait de sa lettre. Il fut donc mon parrain. Il n'était pas, je pense, coutumier de ce genre de caution, et elle ne fut pas pour rien dans le succès d'estime recueilli par *La Cinquième Saison* – dans la presse notamment.

Le troisième écrivain qui me prêta main-forte fut Alain Gerber. *La Couleur orange* et *Une sorte de bleu* étaient deux livres qui m'avaient emballé. Avec *Une rumeur d'éléphant*, Gerber était le grand favori pour le Goncourt, ce qui agaça peut-être les membres du jury. Alain Gerber était donc un romancier connu, un vrai romancier, possédant le pouvoir d'imagination qui m'a toujours fait défaut. Mais dans ses récits il avait un talent particulier pour dire les atmosphères, et j'étais très sensible à cet aspect de son écriture. Nous ne nous connaissions pas. Il me découvrit avec mon deuxième et mon troisième livre, *Un été pour mémoire* et *Le Bonheur – Tableaux et bavardages*. C'est peu dire qu'il essaya de les faire connaître. Il en parla abondamment autour de lui, écrivit lui-même des articles, avec une constance et un enthousiasme qui me touchèrent infiniment et se révélèrent très utiles. Je crois que par ailleurs le comportement de Gerber par rapport *au milieu* était devenu celui d'un rebelle et d'un blessé. Toutes les lettres qu'il m'adressa ensuite en témoignent, dans une amitié uniquement épistolaire, mais ce sont parfois les plus belles. Je regrette aujourd'hui qu'il poursuive uniquement la note bleue du jazz, même si celle-ci résonne seule pour lui d'une vraie perfection.

Jean d'Ormesson. Jean-Marie Le Clézio. Alain Gerber. Je tenais à dire un peu leur rôle sur ma route. Dans un monde où les stratégies se déploient dans la réciprocité des services rendus, ces écrivains célèbres firent preuve à mon égard d'une estime militante, et si désintéressée. Bien sûr, je suis fier d'avoir reçu leur adoubement, et peut-être plus fier encore que nos rapports en soient restés là. Nous n'avons jamais *déjeuné* ensemble. Rien ne s'est délité dans la réalité. Merci.

Parallélépipède rectangle

Pendant très longtemps, j'ai été un obsédé de la boîte aux lettres. Au point de l'ouvrir plusieurs fois dans la journée après même le passage du facteur. Un tic, la traduction d'un manque. J'attendais une nouvelle en provenance du monde de l'édition. Cette attente était telle que j'ai même commencé un long texte tournant autour de ce qui était pour moi la cristallisation d'un absolu : la couverture de la collection « Blanche » chez Gallimard, avec délire sur le galbe des trois lettres en bas de page, le champ clos délimité par les filets rouge et noir, la texture du papier blanc cassé.

Je me sentais si loin de cette réalisation possible. J'avais lu beaucoup de chefs-d'œuvre publiés sous cette casaque. Beaucoup de livres médiocres aussi, mais cela ne changeait rien. La réalité physique de la « Blanche » était mythique en soi. De même, mon désir de publier n'avait rien de relatif. Il n'y avait aucune jalousie, aucun complexe d'infériorité ni de supériorité. C'était juste entre moi et moi. Je me devais de faire quelque chose de ma vie, et ce quelque chose avait au fil des ans pris la forme exacte de ce parallélépipède rectangle aujourd'hui menacé paraît-il – mais je ne peux y croire – qu'on appelle un livre.

Après avoir si longtemps attendu, mon premier roman publié, en 1983, fut pour moi le passage d'une frontière. Mais de 1983 à 1996, malgré la confiance de Jean-Paul Bertrand, la modestie de mes ventes me faisait craindre à chaque manuscrit envoyé la possibilité d'un refus. Ce sentiment ne s'est dissipé qu'après le succès de *La Première Gorgée de bière*. Depuis, je publie beaucoup, comme j'écris. On me dit parfois qu'il vaudrait mieux espacer davantage les publications. Mais je ne souhaite pas développer de stratégie dans ce domaine. Écrire quotidiennement, et voir mes livres publiés, voilà ce qui fait ma vie.

Le livre que je termine aujourd'hui est un peu particulier. J'ai tenté de dire en quoi j'étais un écrivain durant les vingt-cinq premières années de ma vie, quand je n'étais pas écrivain. C'est une gageure, mais en même temps il y a des pistes, des secrets qu'on est le seul à pouvoir défricher. Pour les vingt ans qui ont suivi, c'est un peu plus clair. J'ai peaufiné une écriture, une vision du monde presque parfaitement solitaires. Cela m'amuse aujourd'hui quand on me dit qu'elles annonçaient une rencontre avec le grand public. Non, la rencontre n'était pas programmée, elle a bien failli ne pas se faire. Comme elle continue à ne pas se faire pour tant de gens que je connais, qui ont un vrai talent et dont la société ne veut pas. Et puis quoi, rencontrer le grand public, non, je ne rêvais pas de ça. Je sens qu'on ne me croit pas vraiment quand je dis que la mélancolie de l'attente était plus forte que le bonheur du succès. Dans la mélancolie, on préserve davantage l'enfance, l'adolescence surtout, on est plus intensément soi. La rencontre avec le grand public est toujours un malentendu. Mais la rencontre avec le trop grand public est miraculeuse quand même, car elle permet de trouver *son* public. Or je n'écrivais pas pour moi. Entre les lignes, j'ai tracé ma ligne. Je voulais tant qu'*on* se retrouve.

Un endroit désert,
une page blanche

Il y a quelques semaines, Martine a interrompu sa propre recherche généalogique, poursuivie avec passion depuis près de vingt ans, pour effectuer un petit tour d'horizon *de mon côté*. Chez elle, tout se passe au cœur de l'Auvergne et plus précisément du Puy-de-Dôme, dans un monde très pauvre et paysan. Chez moi, c'est à peu près la même chose, mais dans le Tarn-et-Garonne, en lisière parfois franchie du Lot-et-Garonne côté maternel, et du Tarn côté paternel. Je me pensais des ancêtres peut-être italiens, à cause de la consonance de Coulaty, le nom de mon grand-père. Mais non, ce *y* est bien un *y*. J'aime bien les noms qui m'ont précédé : Viadieu, Ducassé, Laterrade, Doustin, Mauzet, Gayrel, Lagrèze, Rignac. Les prénoms aussi : des Antoine, des François, des Antoinette, des Rose, des Maria, des Marie. J'aime les noms de leurs villages : Goudourville, Pommevic, Malause, Vaïssac, Puycelci, Paillas, Puygaillard-de-Quercy. Les actes de naissance ou de mariage n'en disent pas beaucoup plus. Des cultivateurs surtout, et même des brassiers, hommes de peine qui se louaient à la saison, à la journée. Mon grand-père maternel, « négociant en bois de la Garonne », fait figure d'aristocrate. Il y a un charbonnier, un colporteur, un arayeur – quelqu'un qui fabriquait des charrues, j'avoue que j'ignorais ce terme. Tous ont dû connaître surtout le travail et la pauvreté. La religion les avait probablement résignés à voir seulement dans la vie une vallée de larmes.

Et puis il y a mon nom, que les actes orthographient le plus souvent Delherm, parfois Deler, ou même Delair. Le dictionnaire Larousse des noms et prénoms de France est catégorique. « Delherm : voir Lherm. » Et à Lherm : « Nom occitan désignant un endroit désert. Avec préposition, Delherm. Qui vient d'un endroit désert. » Je sais que les terres étaient rudes, *du côté de mon père*, plus rudes que celles *du côté de ma mère*, qui s'approchaient de la Garonne. Il y eut sûrement un endroit désert, et le courage de le transformer, à pleines mains, à cœur de terre.

Sans doute mes ancêtres ne se posaient-ils pas la question du bonheur, ce luxe douloureux qui est toute ma quête. Ils ne choisissaient pas leur destin. Mais ils ont jour à jour, peine à peine, aboli le désert austère du Quercy pour l'aménager en lieu de vie. Qu'en était-il de leurs mots ? Ils se parlaient en patois occitan, comme mon père avant d'aller à l'école. Ils ne devaient pas écrire, et je ne fais que ça. Pourtant je les sens proches, et je suis né de leurs silences.

Ce sont mes parents qui réalisent le grand saut, quittent le monde paysan ; le travail devient la religion, et le goût de transmettre. Et puis j'arrive, avec quelque chose de tout à fait nouveau : le droit à la paresse. Sisyphe arrête sa pierre sur la pente, s'assoit dessus et regarde le spectacle. Derrière moi, assez d'élan et assez de remords pour bien savoir qu'un jour il faudra faire quelque chose de cette permission qui vient de tout sauf du hasard. J'ai mon endroit désert. Une page blanche.

Table

DU MÊME AUTEUR

Aux Éditions Gallimard

LA PREMIÈRE GORGÉE DE BIÈRE ET AUTRES PLAISIRS MINUSCULES, coll. « L'Arpenteur » *(prix Grandgousier 1997)*

LA SIESTE ASSASSINÉE, coll. « L'Arpenteur » ; Folio n° 4212

LA BULLE DE TIEPOLO, coll. « Blanche » ; Folio n° 4562

DICKENS, BARBE À PAPA ET AUTRES NOURRITURES DÉLECTABLES, coll. « L'Arpenteur » ; Folio n° 4696

LE TROTTOIR AU SOLEIL, coll. « Blanche »

Aux Éditions Gallimard Jeunesse

ELLE S'APPELAIT MARINE, illustrations de Martine Delerm, couverture illustrée par Georges Lemoine, Folio Junior n° 901

EN PLEINE LUCARNE, illustrations de Jean-Claude Götting, Folio Junior n° 1215

CE VOYAGE, coll. « Scripto »

Aux Éditions Mercure de France

IL AVAIT PLU TOUT LE DIMANCHE, Folio n° 3309

MONSIEUR SPITZWEIG S'ÉCHAPPE, coll. « Petit Mercure »

MAINTENANT, FOUTEZ-MOI LA PAIX !, Folio n° 4942

QUELQUE CHOSE EN LUI DE BARTLEBY

Aux Éditions du Rocher

ENREGISTREMENTS PIRATES, Folio n° 4454

LA CINQUIÈME SAISON, Folio nº 4132

UN ÉTÉ POUR MÉMOIRE, Folio nº 4473

LE BONHEUR – TABLEAUX ET BAVARDAGES, Folio nº 4473

LE BUVEUR DE TEMPS, Folio nº 4132

LE MIROIR DE MA MÈRE, en collaboration avec Marthe Delerm, Folio nº 4246

AUTUMN (prix Alain-Fournier 1990), Folio nº 3166

LES AMOUREUX DE L'HÔTEL DE VILLE, Folio nº 3976

MISTER MOUSE OU LA MÉTAPHYSIQUE DU TERRIER, Folio nº 3470

L'ENVOL

SUNDBORN OU LES JOURS DE LUMIÈRE (prix des Librairies 1997 et prix national des Bibliothécaires 1997), Folio nº 3041

PANIER DE FRUITS

LE PORTIQUE, Folio nº 3761

Aux Éditions Milan

C'EST BIEN

C'EST TOUJOURS BIEN

Aux Éditions Stock

LES CHEMINS NOUS INVENTENT, photographies de Martine Delerm

Aux Éditions Champ Vallon

ROUEN, coll. « Des villes »

Aux Éditions Elytis

INTÉRIEUR

Aux Éditions Magnard Jeunesse

SORTILÈGE AU MUSÉUM
LA MALÉDICTION DES RUINES
LES GLACES DU CHIMBORAZO

Aux Éditions Fayard

PARIS L'INSTANT, photographies de Martine Delerm
TRACES, photographies de Martine Delerm

Aux Éditions du Seuil

FRAGILES, aquarelles de Martine Delerm

Aux Éditions du Serpent à Plumes

QUIPROQUO, Motifs n° 223

Aux Éditions Nil

À GARONNE

Aux Éditions Panama

LA TRANCHÉE D'ARENBERG ET AUTRES VOLUPTÉS SPORTIVES, Folio n° 4752

Aux Éditions Prolongations

AU BONHEUR DU TOUR

Aux Éditions Circa

COTON GLOBAL, illustrations de Marie Ciosi

Aux Éditions Points

MA GRAND-MÈRE AVAIT LES MÊMES – LES DESSOUS AFFRIOLANTS DES PETITES PHRASES

Aux Éditions Librio

L'ENVOL, suivi de PANIER DE FRUITS

Merci à Jean-Paul Bertrand, qui vient de disparaître, et sans lequel mes livres n'auraient pas existé.

Composition IGS-CP
Impression CPI Bussière en septembre 2011
Éditions Albin Michel
22, rue Huyghens, 75014 Paris
www.albin-michel.fr

ISBN : 978-2-226-22982-2
N° d'édition : 19295/01. – N° d'impression : 112599/4.
Dépôt légal : octobre 2011.
Imprimé en France.